AI時代を生きる

子どもの才能を引き出す「対話力」

小・中学生の家庭が今から準備すべき5つの方法

石田勝紀

ビジネス社

はじめに

21世紀に入り、この10年でさらにテクノロジーの進展が加速し、中高生が当たり前のようにスマートフォンを持つ時代となり、人々のライフスタイルも大きく変わりました。そして最近はＡＩ（人工知能）という言葉が身近な用語として使われ、これからの子どもたちはまさに「ＡＩ時代に生きる子どもたち」となりました。これは日本だけではなく、世界すべてで同じ現象です。もちろん教育とて例外ではありません。新しいＡＩ時代に対応する教育が必要になり、日本の教育も大きく変わることになったのです。

それが**2020年**です。しかも、私たちが経験したことがないぐらいに大きく教育は変わります。現在の小学生、中学生はその新しい教育体制の枠組みのなかで学び、新しい形態の受験を迎えることは必然となったのです。

断片的に、「小学校で英語が教科になるらしい」とか「プログラミング教育が必修化らしい」とか「センター試験がなくなるらしい」といった情報はご存知かもしれません。しかし全体としてなにを目的にして、なにが変わるのかということを、わかりやすい形で説明を聞いたことはないのではないでしょうか。

さらに新しい教育の世界に対して、「自分の子どもになにをやらせたらいいの？」「いまできる準備とは？」「家庭でできることってなに？」と聞きたくなります。しかし、そのような疑問への具体的な回答も、あまり聞いたことはないのではないでしょうか。

私は2016年4月から、ママカフェという活動を全国各地で展開してきました。ママカフェとは、10人ほどのママさんとカフェや教室で「子育て・教育」についてのお話を**Q&A形式**で行うライトな勉強会のことです。この2年で約1000人のママさんと直接、個別でお話をして、みなさんがどういうことについて悩んでいるのか、なにを知りたいのかということが全国レベルでわかってきました。もちろん質問内容は多岐にわたりますが、そのなかでも、「これから教育が変わろうとしているいま、なにをやっておいたらよいのでしょうか？」という質問がたくさん出てきます。

一方で、ゲーム、スマホ、動画にハマってしまって、なかなか抜けられない子どもたちがいます。その相談数も膨大な数になります。「タブレットを使った新しい教育が始まるらしいけど、うちの子はスマホにハマって、ゲームや動画ばかり見ている」という家庭が無数にあるのです。

2020年の教育大改革は、ただ仕組みや学ぶ内容が変わるというだけではないのです。これから教育体制は変わっていくけれども、一方で子どもたちの生活スタイルや価値観も変わっていくという背景があります。デジタルネイティブの子どもたちの価値観は、親の世代の価値観とは大きく異なっています。それが大きく表面化した時代とも言えるのです。そのなかでの教育改革です。

では、そのような複雑な状況で親としてはなにをどうしたらいいのかと悩むのも無理はありません。ママカフェという活動では、これを解消するためのお話が直接できますが、ママカフェだけでは限定的であるため、さらに多くの方に、これからの教育のために**「家庭で子どもになにをしてあげることができるのか？」**についても、わかりやすく具体的な方法まで本書で示すことにしました。

本書では、はじめに「みなさんのお子さんが直面する2020年からの教育はなにがどう変わるのか?」について書いています。次に、「新しく求められる能力を高めるために家庭でできること」について、その方法を書いています。なにが変わるかということだけを知っていても、それに対してどうすればいいのかということを知らなければ、意味がありません。具体的に行動しなければ、なにも変わらないからです。しかも行動することが簡単でなければなりません。むずかしいと人は行動できません。そのため、家庭内で簡単に実践できる**「子どもの能力を引き上げる方法」**を示しました。

ここで示した実践方法は、すべて効果が実証された方法のみですが、かなりの数の方法を書きました。なぜなら、あるひとつの方法というのは、すべての人に通じるものではないからです。ある方法はAさんには適用できても、Bさんには適用できないということはあり得るのです。ですから、できるだけ多くの方に最適な方法を選んでいただけるように、方法をたくさん示しました。たくさんあると、すべてやらなくてはいけないのではないかと思いがちですが、できそうなことをまずはひとつやってみてください。そこから余裕があれば、他の方法もやってみるというスタンスで本書をご覧いただけると幸いです。

21世紀、それは新しいテクノロジーと教育が融合し、新しい価値観が生まれる時代です。より良い世界が生まれると思っています。本書を参考にされ、お子さんにとっての未来がより良いものになりますようご参考いただければ幸いです。

2018年5月

横浜のカフェにて　石田勝紀

2章

新しい教育で求められる能力とは？

3章

「考える力」は、家庭の会話でグングン伸びる

4章

見方を変えれば子どもの才能が見えてくる

5章

勉強のやり方を知れば自己肯定感が生まれる

6章

2020年以降のために、準備しておく5つのアプローチ

終章

お悩み解決！ Q&A

序章

これだけちがう！ 20世紀型教育と21世紀型教育

世界の時価総額トップ5にみるこれからの日本の教育

2018年4月の世界株価時価総額ランキングというのがあります。それによると、アメリカ企業の株価時価総額は以下のようになっています。

第1位　アップル（Apple）　92兆円
第2位　アマゾン（Amazon）　83兆円
第3位　マイクロソフト（Microsoft）　79兆円
第4位　アルファベット（google）　77兆円
第5位　フェイスブック（Facebook）　54兆円

一方の日本企業は、50位以内で35位のトヨタ自動車（21兆円）のみです。いわゆる日本の大手メーカー7社をすべて合わせた時価総額でもアップルの6分の1にも満たないのです。

これを見てどのように感じるでしょうか――。

キーワードは「デジタル」「ネット」「テクノロジー」でしょう。日本もプロ野球の12球団のうち3つがITサービス企業です。おそらく今後さらにこの割合は増えていくことでしょう。現代社会では、これら3つのキーワードを外して商売は成り立たないという状況への移行期なのです。前からやっていたからという理由で、前例踏襲《ぜんれいとうしゅう》ばかりしていると、時代はどんどん先へと進んでしまいます。

もはや、日本国内でも大きく時代は変わり、若者、女性を中心として変革が進んでいます。取り残されているのは、男性、とくに昭和の人たち。この人たちがいまの日本を動かしているうちは、日本でイノベーションは起きづらいでしょうが、さいわいにして若者の感性、女性の感性が時代優位になってきています。SNSや写真を通じて世界が大変革しているのはその一例です。

日本に外国人観光客が驚くほど増えた背景のひとつには、じつは外国人がアップするインスタグラムに代表されるSNSの情報があるのです。日本人の努力だけによって、観光客が増えたのではなく、テクノロジーのおかげで増えたとさえ言われています。

ユーチューバーという新しい職業（？）が生まれ、才能や好きなことを仕事にしやすい時代にもなってきています。これからＡＩ（人工知能）が一般化し、さらに新しい職業が生まれてくるでしょう。

これまでなんとなく正しいと思っていた「嫌なことでもやるべきことをやっていたら保証される」という考えは、時代遅れになる可能性が高いのです。いや、**すでに時代遅れになっている**と私は思います。

その時代ごとに求められる人材もおのずと変化していきます。そして求められる人材は、その時代を牽引《けんいん》している企業が求める人材とも言えるのです。

世界で語られる「21世紀型スキル」と文部科学省の「21世紀型能力」

２００９年１月、「21世紀型スキルの学びと評価プロジェクト（Assessment and Teaching of Twenty-First Century Skills Project〈ATC21S〉）」がロンドンで始まりました。スポンサーは、シスコシステムズ、インテル、マイクロソフトなど、ＩＴ関連

21世紀型スキル（KSAVEモデル）

領域1　思考の方法（Ways of Thinking）

(1) 創造力とイノベーション
(2) 批判的思考、問題解決、意思決定
(3) 学びの学習、メタ認知（認知プロセスに関する知識）

領域2　仕事の方法（Ways of Working）

(4) コミュニケーション
(5) コラボレーション（チームワーク）

領域3　仕事のツール（Tools for Working）

(6) 情報リテラシー
(7) 情報通信技術に関するリテラシー（ICTリテラシー）

領域4　社会生活（Ways of Living in the World）

(8) 地域と国際社会での市民性
(9) 人生とキャリア設計
(10) 個人と社会における責任
（文化的差異の認識および受容能力を含む）

【出典】Assessment and Teaching of 21st Century Skills

の巨大企業です。
翌2010年にはオーストラリア、フィンランド、ポルトガル、シンガポール、イギリス、アメリカが参加国として加わり、「21世紀型スキル」を定義しました。
19ページの表のように4領域10スキルがあり、知識（Knowledge）、技能（Skills）、態度（Attitude）、価値（Values）、倫理（Ethics）の頭文字をとって「KSAVEモデル」とも呼ばれます。

一方、国内では、文部科学省所轄の研究機関である国立教育政策研究所が、「教育課程の編成に関する基礎的研究」の平成24年度における研究成果として報告しています。「社会の変化の主な動向等に着目しつつ、今後求められる資質や能力を効果的に育成する観点から、将来の教育課程の編成に寄与する選択肢や基礎的な資料を得る」ことを目的に、「21世紀型能力」の考え方に基づいて教育課程や実際の学習指導、学習活動を考えると具体的にどのようなイメージになるのかの報告です。

文科省の「21世紀型能力」と世界で語られる「21世紀型スキル」に共通するのは、

21世紀型能力（文部科学省）

求められる力	具体像（イメージ）
未来を創る（実践力）	生活や社会、環境の中に問題を見出し、多様な他者と関係を築きながら答えを導き、自分の人生と社会を切り開いて、健やかで豊かな未来を作る力
深く考える（思考力）	一人一人が自分の考えを持って他者と対話し、考えを比較吟味して統合し、よりよい答えや知識を創り出す力、さらに次の問いを見つけ、学び続ける力
道具や身体を使う（基礎力）	言語や数量、情報などの記号や自らの身体を用いて、世界を理解し、表現する力

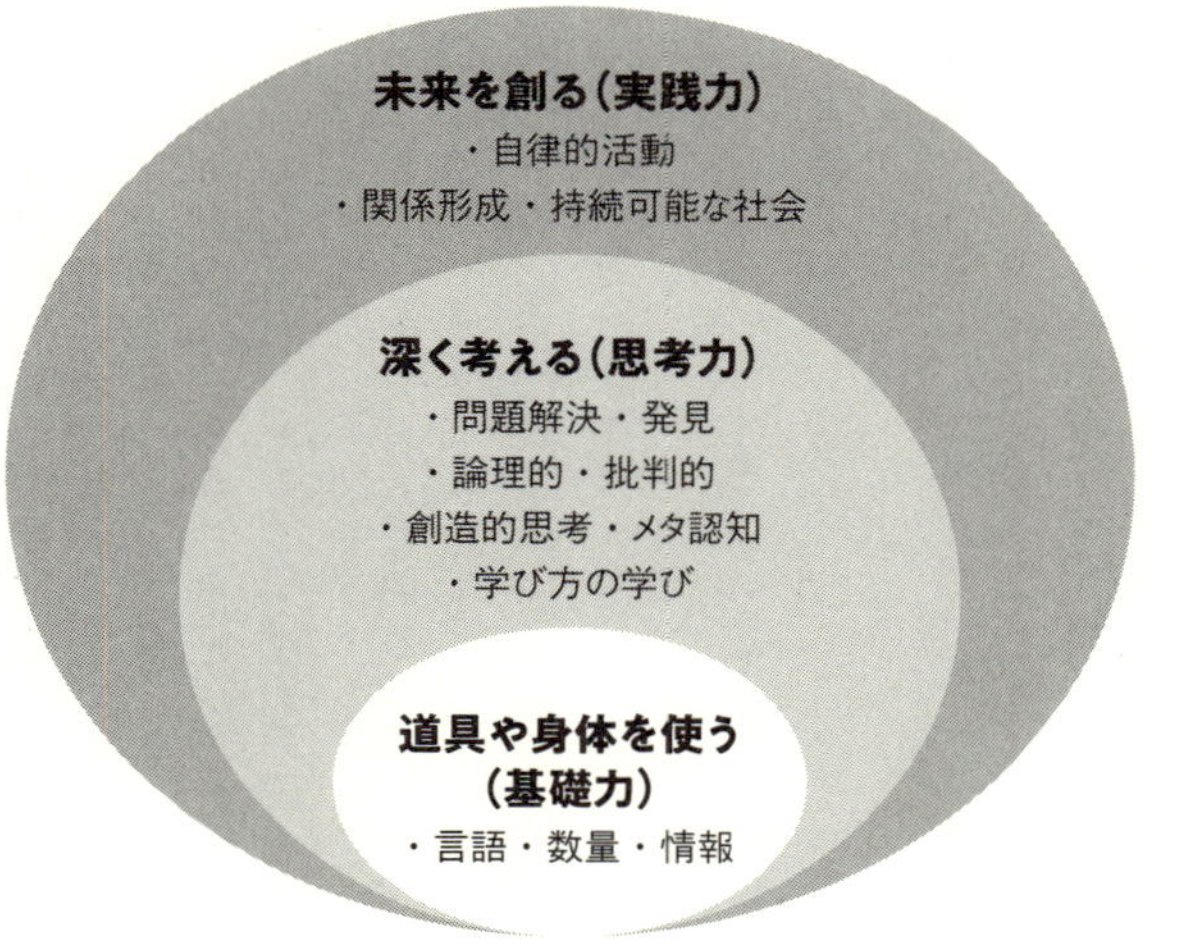

【出典】教育課程企画特別部会　論点整理　補足資料（4）

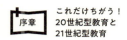

「自分で考え、表現し、判断し、実際の社会で役立てる力」ということです。

もっとも遅れていると言われてきた教育の世界は確かに、現状は20世紀、いや19世紀のままかもしれません。しかしそれも、文科省の「21世紀型能力」や世界で語られる「21世紀型スキル」を徐々に取り入れ、テコ入れされ、2020年以降、変わると言われています。そしてこの日本の教育の大変革が起こるのが、2020年なのです。

この変革を「明治維新以来150年ぶりの大変革」という人もいるほどです。

20世紀型教育と21世紀型教育

2020年といえば、いまから数年後です。そのころには、さらに世のなかは大きく変わっていることでしょう。これらの変革の背景には、前述したように、世界や社会が変化し、**「従来の教育のあり方では対応がむずかしい」**という状況があるのは否めません。

とはいえ、2020年以降にやって来る新しい世界は、人々を驚愕《きょうがく》させるものでは決してありません。これまで多くの人の心のなかで、「教育は、本当はこうあるべきだろう」と感じていた世界になることが予想されているのです。

この新しい世界を「21世紀型教育」と名付け、そしてこれまでの教育を「20世紀型教育」と名付けてみました。

20世紀型教育は端的に表現するならば、「記憶力競争」と言っても過言ではありません。したがって、知的好奇心が高い一部の子どもたちを除き、大半の子どもたちにとって、20世紀型教育は苦痛以外の何物でもなかったのです。ようするに「つまらない」場所で小・中・高と最低でも12年間の時間は過ごすことを強いられてきたわけです。指導する側も、おそらく「楽しさ」を感じながら指導ができていたとは必ずしも言えないのでしょう。

ひるがえって21世紀型教育は、「ワクワク感」「楽しさ」を基本としています。このワクワク感、楽しさとは、テレビのお笑い番組を見ておもしろいという楽しさとは異なります。知的に楽しいという、本来人間が持っている知的欲求感に根ざすものです。

20世紀型教育と、これからの新たな教育である21世紀型教育とを、単純化して比較すると24ページの表のようになり、それぞれのキーワードもおのずと見えてきます。

20世紀型教育と
21世紀型教育の特徴とキーワード

20世紀型教育

知識集積型

＝

簡単に言えば知識を習得し、偏差値を上げる教育

↓

講義型授業が多い

KEY WORD

論理、収束、反省、PDCA、知識基盤型社会、**ピラミッド型組織**、男性型、**人工的**、気合い、根性、努力、集団性、受信型、**偏差値型**、ローカル、**アナログ**

21世紀型教育

知識活用型

＝

簡単にいえば知識を使いこなす教育

↓

グループワーク型授業が多い

KEY WORD

感性、発想力、発散、振り返り、ネットワーク型組織、コミュニティ、女性型、クリエイティブ、デザイン、自然的、楽しい、ワクワク感、面白い、ゆるい、個性、発信型、価値型、グローバル、デジタル

このように**21世紀型教育では、考える力、コミュニケーション能力、自分の意見を言う力、チームワークなどが重視され、クリエイティビティ（新しい考えを生み出す）や人と異なる考えを持つことが重要**になります。まさにグローバルな社会、21世紀の社会に適合する教育を目ざしているのです。そして、この教育が正式に２０２０年からはじまるということです。

ただし、ここで間違えてしまいがちなのが、20世紀型教育は時代遅れであり、21世紀型教育は新しいこれからのキーワードであるととらえることです。

じつは、21世紀は20世紀と21世紀のキーワードの混在パターンです。つまり、善悪の問題ではなく、これまで20世紀型教育だけに固執してきた時代が去り、21世紀型教育のキーワードを含めた新しい世界が来るということです。

前出の20世紀型教育キーワードのなかで、四角で囲ったキーワード**（論理、収束、PDCA、知識基盤型社会）**は今後も重視され、太字で示したキーワード（ピラミッド型組織、人工的、偏差値型、アナログ）は、薄くなるが残るワードです。これらに加えて21世紀型教育キーワードが、台頭して来るのです。

これだけちがう！
20世紀型教育と21世紀型教育

世界で語られる「21世紀型スキル」と
文部科学省の「21世紀型能力」

・「自分で考え、表現し、判断し、実際の社会で役立てる」スキル＆能力

20世紀型教育と21世紀型教育

・21世紀型教育にプラスして、20世紀型教育の倫理、収束、PDCA、知識基盤型社会は今後も重視され、ピラミッド型組織、人工的、偏差値型、アナログは薄くなるが残る

1章

２０２０年からの教育大変革

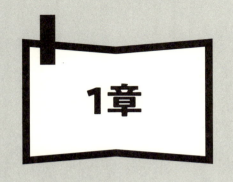

2020年で変わる大学入試と教育指導要領

それでは、教育の大変革で、具体的になにが変わるのでしょうか――。

大きくは2つの変革があげられます。ひとつが日本の学校教育の大黒柱である「学習指導要領」が大きく改定されること。そして、もうひとつは大学入試センター試験が廃止され、新しい試験「大学入学共通テスト」になることです。言い方を換えれば、小学校、中学校、高校までの教育の出口とも言える大学入試の変革に合わせて教育全体が変わる、ともとらえられます。

以下、2020年に大きく変わるポイントを簡単に紹介していきます。

学習指導要領はどう変わる？

学習指導要領の改訂については、以下のスケジュールが発表されました。

・2020年度「新学習指導要領」小学校で全面実施

「大学入学共通テスト」実施
・2021年度「新学習指導要領」中学校で全面実施
・2022年度「新学習指導要領」高校で実施

新しい学習指導要領では、「育成すべき資質・能力」について、次の「3つの柱」を掲げています。

(1)個別の知識・技能「なにを知っているか、なにができるか」
(2)思考力・判断力・表現力等「知っていること・できることをどう使うか」
(3)学びに向かう力、人間性等「どのように社会・世界と関わり、よりよい人生を送るか」

それぞれ簡単に説明しましょう。

(1)「個別の知識・技能」
各教科等に関する個別の知識や技能などです。基礎的・基本的な知識・技能を着実に獲得しながら、すでに知っている知識・技能と関連づけたり組み合わせたりしながら、社会のさまざまな場面で活用していく能力を指します。これは20世紀型教育でとくに重視されていた能力と言えます。

(2)「思考力・判断力・表現力等」

問題を発見し、その解決に必要な情報を収集・蓄積する能力。それと同時に、既存の知識に加え、必要となる新しい知識・技能を獲得し、知識・技能を適切に組み合わせて、それらを活用しながら問題を解決していくために必要となる思考のことを指します。

(3)「学びに向かう力、人間性等」

学びに向かう力とは、主体的に学習に取り組む態度も含めた自己の感情や行動を統制する能力、みずからの思考のプロセス等を客観的にとらえる力など、いわゆる「メタ認知」に関する能力です。メタ認知とは、たとえばテストでケアレスミスが多い生徒が自身で認識して、次のテストを受けるときに意識にケアレスミスを回避し高得点をとった場合、その生徒はメタ認知能力が高いと考えられます。

人間性等とは、多様性を尊重する態度、リーダーシップやチームワーク、感性、優しさや思いやりなどの能力を指しています。

英語教育はどう変わる?

小中高等学校での英語教育内容が大幅に見直される2020年からの英語改革も大きなポイントです。特筆すべきは、小学3~4年生への〝外国語活動〟35時間の導入と、5~6年生の〝英語教科化〟70時間の導入です。これまでも小学5~6年生では外国語活動として、「聞く」「話す」をメインに、英語に触れ、親しむ取り組みはされていました。しかし、5~6年生で英語が教科になるということは、教科書も作られ、初歩的なものですが、「読む」「書く」ことも指導される予定です。

また、2020年度以降、中学校や高校の授業や大学入試でも英語教育は変更があります。中学校では、「英語で授業を行うことを基本とする」という指導の方向性が発表されました。これは、すでに高校で実施されている授業を中学時代から行うということです。教員が一方的に単語や文法などの英語の知識を教える講義型の授業から、生徒が英語を使う授業にしていく点が大きなポイントと言えるでしょう。

高校でもこれらの指針は現行のものから引き継がれます。それにプラスして、英語で発表し討論や交渉などの活動を行うまで、授業が高度化するとされています。

さらに英語の大学入試問題では「4技能（聞く、読む、話す、書く）」を評価し、測ることになります。現状の英語の大学入試では、「読む」力を重視し、それを問う問題の比率が高くなっていますが、今後は4技能をバランスよく問う試験に変わっていくことになるのです。

このような英語教育の変革は、これまでの学校の英語教育では身につけることがむずかしかった「使える英語」を、小学校から大学入試までの一貫した教育の実施により、修得させることを大きな目的としています。

プログラミング学習の必修化、高校生のための学びの基礎診断

英語の教科化と同時に、2020年から小学校でプログラミング学習も必修化されます。プログラミング学習は、すでにフィンランドでは小学校から必修科目となっていますし、アメリカやシンガポール、イギリスなどでもプログラミング学習を積極的に導入しようとしています。プログラミングの知識・技能を身につけることやその思考を学ぶことは、グローバル化された次の時代を生きる子どもたちにとっては、英語

とともに重視されています。

また、高校生の基礎学力の定着度を測定し、授業に生かすために2019年度から「高校生のための学びの基礎診断」を本格実施します。このテストでは、マークシートからコンピュータ上で行われる試験であるCBT（Computer-Based Testing）になる予定です。

このように学業のうえでも今後、子どもたちにとってコンピュータはより身近で、不可欠な存在になっていくのは間違いありません。

大学入試はどう変わる？

「大学入学共通テスト」という新しい試験が2020年度（2021年度入学者選抜）から導入されます。ということは、2018年に高校に入学した生徒から、新しいシステムでの大学入試を受けることになります。

大学入学共通テストは、大学入試センター試験（以下、センター試験）に代わって実施される新テストです。このテストは入試と高校、大学の教育を一体で変える「高大接続改革」の柱とされています。これまで政府の教育再生実行会議、中央教育審議

大学入試の主な変更点

「大学入学共通テスト」導入

2020年度（2021年度入学者選抜）➡2018年に高校に入学した生徒から適用。学力の3要素「知識・技能」「思考力・判断力・表現力」「主体性を持って多用な人々と協働して学ぶ態度（以下、主体性）」を重視。

大学個別入試の変更

「英語4技能評価」 「読む・書く・聞く・話す」の4技能を「大学入試英語成績提供システム」に参加している団体（ケンブリッジ英語検定、実用英語技能検定、GTEC、IELTS、TEAP（PBT）、TOEFLiBT、TOEIC L&R／TOEIC S&W等）実施の資格・検定試験を活用して評価。 入試利用を申請したうえで、高校3年の4月～12月までの間に受けた2回までの試験結果を大学に提出。2023年度までは資格・検定試験と共通テストのいずれか、または両方を用いて選抜予定。
「記述式問題」 国語と数学（「数学Ⅰ」「数学Ⅰ・数学A」）で記述式問題導入。 国語は現行の80分から100分程度に、数学は60分から70分程度に試験時間が変更予定。国語は80～120字の問題を3問程度、マークシート式問題と記述式問題の大問を分けて、数学はマークシート式と記述式の問題が混在する形で出題。

各大学の個別試験名称変更

一般入試➡「一般選抜」 学力の3要素のうち「主体性」の評価が難しいため、入試において調査書や受験生自らが記載する活動報告書などを活用。
AO入試➡「総合型選抜」　推薦入試➡「学校推薦型選抜」 「総合型選抜」「学校推薦型選抜」では、科目試験、資格・検定試験、大学入学共通テスト、実技、口頭試問、小論文やプレゼンテーションのいずれか1つ以上を用いて、総合的・多面的に評価。

国公立大学2次試験

どれだけインプレットしたかという知識の測定だけでなく、表現力などアウトプットが同等に重視されの入試へと変化が予想される。

各資格・検定試験とCEFRとの対照表

文部科学省（平成30年3月）

CEFR	ケンブリッジ英語検定	実用英語技能検定 1級-3級	GTEC Advanced Basic Core CBT	IELTS	TEAP	TEAP CBT	TOEFL iBT	TOEIC L&R/ TOEIC S&W
C2	230 ｜ 200 (230) (210)	0000 は合格スコア 各級CEFR算出範囲	各試験CEFR算出範囲	9.0 ｜ 8.5				
C1	199 ｜ 180 (190) C2 Proficiency (180)	3299 ｜ 2600 (3299) 2630 1級	1400 ｜ 1350 (1400)	8.0 ｜ 7.0	400 ｜ 375	800	120 ｜ 95	1990 ｜ 1845
B2	179 ｜ 160 (170) C1 Advanced (160)	2599 ｜ 2300 (2599) 2304 準1級	1349 ｜ 1190 (1280)	6.5 ｜ 5.5	374 ｜ 309	795 ｜ 600	94 ｜ 72	1840 ｜ 1560
B1	159 ｜ 140 (150) B2 First (140)	2299 ｜ 1950 (2304) (2299) 1980	1189 ｜ 960 (1080) CBT	5.0 ｜ 4.0	308 ｜ 225	595 ｜ 420	71 ｜ 42	1555 ｜ 1150
A2	139 ｜ 120 B1 Preliminary (120)	1949 ｜ 1700 (1980) 2級 1728 (1728)	959 ｜ 690 (840) Advanced Basic		224 ｜ 135	415 ｜ 235		1145 ｜ 625
A1	119 ｜ 100 各試験CEFR算出範囲 A2 Key (100)	1699 ｜ 1400 (1699) 準2級 3級 1456 (1400)	689 ｜ 270 Core (270)					620 ｜ 320

※括弧内の数値は、各試験におけるCEFRとの対象関係として測定できる能力の範囲の上限と下限

○表中の数値は各資格・検定試験の定める試験結果のスコアを指す。スコアの記載がない欄は、各資格・検定試験において当該欄に対応する能力を有していると認定できないことを意味する。

※ケンブリッジ英語検定、実用英語技能検定及びGTECは複数の試験から構成されており、それぞれの試験がCEFRとの対照関係として測定できる能力の範囲が定められている。当該範囲を下回った場合にはCEFRの判定は行われず、当該範囲を上回った場合には当該範囲の上限に位置付けられているCEFRの判定が行われる。

※TOEIC L&R/ TOEIC S&Wについては、TOEIC S&Wのスコアを2.5倍にして合算したスコアで判定する。

※障害等のある受検生について、一部技能を免除する場合等があるが、そうした場合のCEFRとの対照関係については、各資格・検定試験実施主体において公表予定。

会などで約5年にわたり議論を重ねてきました。当初目ざした年複数回の実施や記述式問題を導入する教科の拡大などについては、2024年度以降の実施を改めて検討することとなっています。

大学入学共通テストでは、学力の3要素である「知識・技能」「思考力・判断力・表現力」「主体性を持って多様な人々と協働して学ぶ態度」が重視されます。また、大学個別の入試も変わります。

実施期日（1月中旬の2日間）や出題教科・科目は現行のセンター試験と同じですが、新しい取り組みとして「英語4技能評価」や「記述式問題」を導入しています。

概要としては、英語4技能評価は、「読む・書く・聞く・話す」の4技能を、民間事業者などが実施している資格・検定試験を活用して評価するシステムが取り入れられます。各大学が入学者選抜に利用できる資格・検定試験は「大学入試英語成績提供システム」に参加している団体の試験です（ケンブリッジ英語検定、TOEFL iBTテスト、IELTS、TOEIC Listening & Reading TestおよびTOEIC Speaking & Writing Tests、GTEC、TEAP、TEAP CBT、実用英語技能検定〈1日完結型、公開会場実施、4技能CBT〉）。

受験生はあらかじめ入試で利用することを申請したうえで、高校3年の4月から12月までの間に受けた2回までの試験結果を大学に提出することになります。なお、英検（実用英語技能検定）については従来型は採用されず、一次試験の合否にかかわらず4技能を評価する新たな試験方式の「1日完結型」「公開会場実施」「4技能CBT」のみの採用となりました。

大学入学共通テストの英語試験は、2023年度までは実施される予定ですので、それまでの期間、各大学では、資格・検定試験と共通テストのいずれか、または両方を用いて選抜する予定です。

さらに、国語と数学（「数学Ⅰ」「数学Ⅰ・数学A」）で記述式問題が取り入れられます。記述式問題が追加されるため、国語は現行の80分から100分程度に、数学は現行の60分から70分程度に試験時間も変更予定。国語は、80～120字程度の問題を3問程度、マークシート式問題と記述式問題の大問を分けて出題されます。数学は、マークシート式と記述式の問題が混在する形で出題されます。

各大学の個別試験では、まず名称の変更があります。一般入試は「一般選抜」に、

AO入試は「総合型選抜」に、推薦入試は「学校推薦型選抜」です。

学力の3要素を総合的・多面的に評価することを目的に行われる個別試験ですが、「一般選抜」では、学力の3要素のうち「主体性を持って多様な人々と協働して学ぶ態度」の評価がむずかしいため、入試において調査書や受験生自らが記載する活動報告書などを活用することになっています。

また、「総合型選抜」や「学校推薦型選抜」では、逆に「知識・技能」や「思考力・判断力・表現力」の評価がむずかしいため、科目試験、資格・検定試験、大学入学共通テスト、実技、口頭試問、小論文やプレゼンテーションのいずれかひとつ以上を用いて、総合的・多面的に評価していくとされます。

国公立大学の2次試験もどれだけインプットしたかという知識の測定だけでなく、表現力などアウトプットが同等に重視される入試へと変化していくでしょう。

細かい説明になってしまいましたが、少なくとも大学入試で求められる要素とは、学校の内申（活動が評価）、表現力、活用力などがある、ということです。同時に「思考力・判断力・表現力」、「学びに向かう力」も重視されるため、入試で選抜に使う材料が多様化していきます。具体的には、会話文、データ、図など、多様なテキストを読みとり、解釈し、複数の情報を組み合わせて、新しい考え方をまとめて記述する力が問われることになります。

高校入試は大学入試のミニ版、中学入試は激変

それでは、その前段階である中学入試・高校入試はどうなるのかも気になるところでしょう。

まずは、高校入試です。すでに実施されている都道府県もありますが、今後全般にわたり予想されているのは、大学入試のミニ版となるということです。したがって、対策としては**大学入試に向けたその前座**ととらえれば問題ありません。前述した大学入試で求められる能力を中学生のレベルで修得していけばいいでしょう。

高校入試が大学入試のミニ版であることに対して、中学入試は、従来の入試から激変しているのが実際です。これまでは国語、算数の2教科や、理科・社会科を含めた

4教科での入試が大部分を占めていました。しかし、数年前からこれらと異なる新しいタイプの入試を実施する学校が増えているのです。

そのひとつが、**「適性検査型入試」**です。これは公立中高一貫校ができたときに導入された試験で、国語・算数・理科・社会といった単独の教科知識を問うのではなく、複数の教科を横断して出題されるのが特徴です。小学校で学習した知識を活用し、組み合わせて解答を導く思考力、一見、複雑な印象を与える問題文を的確に短時間で理解する読解力などが求められます。これにプラスして作文を課す学校もあります。

この公立中高一貫校で導入された適性検査型入試を私立中学の入試で採用する学校が増えています。首都圏の中学入試では、2014年から17年にかけて、「適性検査（総合型・思考力・自己アピール、PISA等）型入試」を実施した私立中学校は、38校→53校→86校→120校と、年々増加しています。さらに18年入試では、計136校の私立中学校が、同型式の入試を実施しています（首都圏中学模試センター調べ）。

そのほかにも、得意な1教科のみで受験できる「英語入試」や「算数入試」、「プレゼンテーション型入試」、協働作業を行うタイプのものまで、中学入試の形態は各校さまざまなものとなってきています。

いずれにしても、従来型の中学受験は、塾が主体となっているのは否めません。しかし、**新しいタイプの受験では、家庭での教育（親の子どもへの接し方、導き方など）がより重要になってくる**でしょう。

中学受験における英語教育はどうすればいいのか？

今後、中学入試は英語も必須科目となることは間違いありません。もっとも勉強で効果的と思われるのは、**英検をベースにする**ことだと私は考えます。

その理由は3つです。ひとつは、目標設定がしやすいということ。2つ目は、学年に関係なく英語力に応じて学べるということ。そして3つ目は今後、大学入試の英語のテストとして民間の試験を導入することになるためです。英検以外にも大学入試に民間の試験が使われますが、英検はいちばん日本人にはなじみやすいのではないかと思います。

外国人と直接、話す勉強も悪くはありません。なぜなら話すことは英語を活用することにつながり、それが英語に対する自信をはぐくむからです。しかし、英会話というと、外国人ばかりがずっとしゃべっていて、日本人は「フフン」とか「イエス」だけが上手になり、いっこうに話す機会がないという笑えない結果に終わることがけっこうあるからです。重要なことは、しっかりと話す場を作ってくれている英会話学校なのかどうかを見定めることです（私の経験上、個人で行っている英会話塾にはかなり多くの本物教育をされているところがあるように感じます）。

学び方が変わる！　アクティブ・ラーニングの導入

教育の大変革で、学び方も大きく変わっていきます。2020年からの学習指導要領に組み込まれ、全国の小中高の学校教育で「アクティブ・ラーニング（ＡＬ）」が実施されます。教育界ではだれもが知る常識用語ですが、一般の方には、まだまだ普及していないようです。もちろん「聞いたことがある」「最近よく耳にする」という方もいるかもしれません。とはいえ、実際、アクティブ・ラーニングとはなにか？と聞かれてもあいまいな答えになってしまうのが実情ではないでしょうか。

ここでアクティブ・ラーニングについて、少し説明しておきましょう。

アクティブ・ラーニングとは？

**「教員による一方的な講義形式の教育とは異なり、
学修者の能動的な学修への参加を取り入れた
教授・学習法の総称」**

（中央教育審議会『質的転換答申』用語集 2012）

「学修者が能動的に学修することによって、認知的、倫理的、社会的能力、教養、知識、経験を含めた汎用的能力の育成を図る。発見学習、問題解決学習、体験学習、調査学習等が含まれるが、教室内でのグループ・ディスカッション、ディベート、グループ・ワーク等も有効なアクティブ・ラーニングの方法である」（文部科学省・用語集より抜粋）

つまり…

**対話的形を作ることで、
考える力を引き出し、
学びへの好奇心を引き出す方法**

アクティブ・ラーニングとは、次のような教育方法のことを指します。

「教員による一方的な講義形式の教育とは異なり、学修者の能動的な学修への参加を取り入れた教授・学習法の総称」（中央教育審議会『質的転換答申』用語集２０１２）

また、文部科学省の用語集ではこれにプラスして次のように説明されています。

「学修者が能動的に学修することによって、認知的、倫理的、社会的能力、教養、知識、経験を含めた汎用的能力の育成を図る。発見学習、問題解決学習、体験学習、調査学習等が含まれるが、教室内でのグループ・ディスカッション、ディベート、グループ・ワーク等も有効なアクティブ・ラーニングの方法である」

※近年では、「主体的・対話的で深い学び」がアクティブ・ラーニングという言葉の代替語として使われているようです。

私自身は、アクティブ・ラーニングについて、端的に次のように考えています。

「対話的形を作ることで、考える力を引き出し、学びへの好奇心を引き出す方法」

具体的なイメージとしては、親世代が小学生のころに行った「ある課題に対してチ

アクティブ・ラーニングの代表的な手法・手段

①Think-Pair-Share
自分で考える→隣の人と意見交換する→全体を考える

②ジグソー法
あるテーマについて複数の視点で書かれた資料をグループに分かれて読み、自分なりに納得できた範囲で説明を作って交換し、交換した知識を統合してテーマ全体の理解を構築したり、テーマに関連する課題を解いたりする活動を通して学ぶ、協調的な学習の1つ。

③ラウンドロビン
グループになって順番に意見を述べる。

④ピアインストラクション
仲間になった者同士で教え合う（記述、解答の根拠やプロセス）。

参考：『ディープ・アクティブラーニング』松下佳代著

ームで協調して取り組むグループ学習」に似ています。

ただし、アクティブ・ラーニング＝グループワークとは限りません。数多くの手法・手段があり、ねらい・課題内容・時間・人数・環境などに応じて選択されます。

代表的な手法の例としては、①Think-Pair-Share、②ジグソー法、③ラウンドロビン、④ピアインストラクションなどが挙げられます（上記参照）。

このようにアクティブ・ラーニングにはさまざまな手法があり、

これまでの学校教育のなかではぐくまれなかった能力を引き出すことが期待されています。

「他人に教える」と学習定着率は90％に！

アクティブ・ラーニングが注目されるようになってから、おもしろいデータが世に知られるようになりました。エビデンスの有無について多少議論されていますが、それは、学習定着率の高低を表した「学習ピラミッド」というデータです。これは、どのような手法を使うと学習の定着率が高くなるのかを図に示したものです。

驚くことに、学習定着率が90％ともっとも高いのは「他人に教える」ということです。続いて「体験・経験」の75％、「グループ討論」が50％、「本物を見せる・実験」が30％、「視聴覚（画像、動画）」が20％、「読書」が10％、「講義」が5％となっています。

もちろん、プロの先生が講義をすれば、講義形態であっても学習定着率はある程度高くなるでしょう。しかし、これまでの学校教育の主要手法である「講義」や「読書」

学習定着率／学習ピラミッド

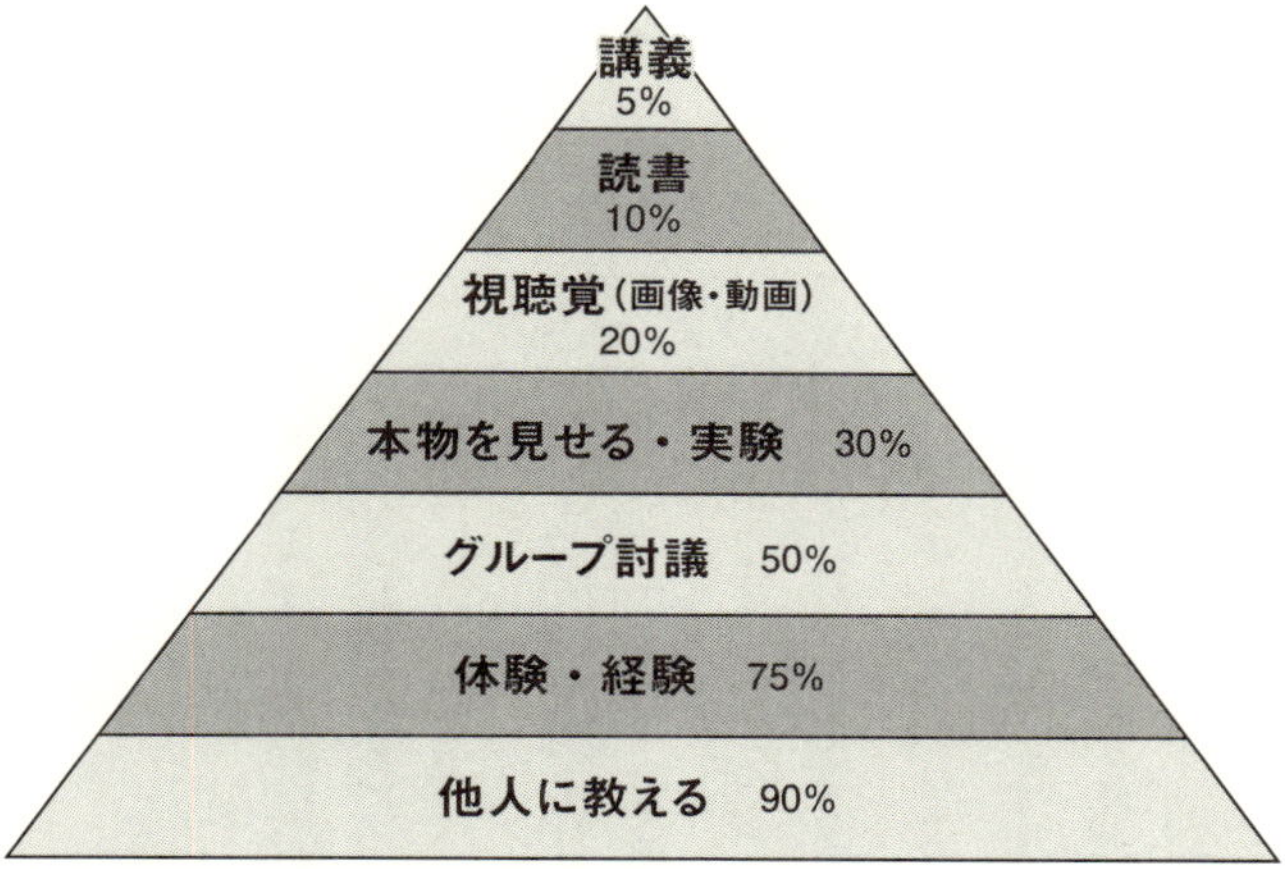

【出典】National Training Laboratories, Bethel, Maine

の定着率の低さは、ある種の納得感をおぼえるのではないでしょうか？

逆に定着率の高い「他人に教える」「体験・経験」「グループ討論」「本物を見せる・実験」という学習手法は、アクティブ・ラーニングで取り入れられる手法に合致しているのです。

たとえば、「教えることによって自分が学ぶ」という経験をした方は、少なからずいるのではないでしょうか。教える立場になると、視点が変わり、また教えなければならないという意識の変容から頭が活性化するためか、とにかく効果がある方法であることは間違いないと言えそうです（はっきりと証明できるほどの調査や研究はありませんが）。

アクティブ・ラーニングに対しての期待値はどんどん上がっていきますが、学習指導要領に盛り込まれるのは2020年からです。数年は、教育現場でも模索が続くことが予想されます。

また、グループワーク型のアクティブ・ラーニングの場合、参加する子ども自身が新しい学び方にとまどい、悪くすれば学び方が理解できずに無駄な時間を過ごすことにもなりかねません。そのようなことにならないためにも、学校のアクティブ・ラーニングのベースとして、家庭での子どもとの接し方はとても大切なことです。

私が考えるアクティブ・ラーニング、つまり前述の「対話的形を作ることで、考える力を引き出し、学びへの好奇心を引き出す方法」は家庭のなかで引き出すことが可能であることが、これまでの実践で証明されています。具体的な方法は後章に譲りますが、

「アクティブ・ラーニングという新しい考え方、あり方を日常生活のなかで習慣化す

ること」

これこそが本書の提案であり、2020年に大変革される新しい教育にスムーズに順応し、子どもたちの能力を上手に引き出す大きな力となることを忘れないでほしいと思います。

これからの教育の6つのポイント

21世紀、これからの教育のポイントを私なりにまとめると、次のようになります。実際の教育現場で実現できるかどうかは未知数ですが、変化する社会のなかで求められる能力を育成する教育、本来あるべき教育の姿という方向で考えています。家庭内で教育をする際の参考として、頭のなかに入れておいていただければと思います。

① マルチ型教育と一点集中型教育を同等に評価する

これまでの教育では、まんべんなくすべての科目ができるようになるマルチ型教育を中心に行われてきました。

一方の一点集中型教育とは、「算数」「英語」などの得意科目を伸ばしていくものです。これまでは学校側も保護者側もまんべんなくすべての教科ができる生徒のほうに、高い評価を与えていたことは言うまでもありません。しかし、これからの教育では、「得意分野を伸ばす」「特化した才能を認める」という一点集中型の生徒に対しても、マルチ型の生徒と同等に価値を評価することが求められます。

大人たちがマルチ型になるよう望むことは、子どもが持っている素晴らしい才能の芽をつみ取ることになりかねません。ひとつの教科に対する才能が秀でているにもかかわらず、保護者や教員は「ほかの教科もがんばらなくちゃ」と、子どもの持っている才能に注目せず、いわゆる5教科の勉強を優先させます。すると、せっかく子どもが持っている能力の芽は開花することなく中途半端で終わってしまいます。

なにかひとつ人より秀でているものがあれば、できればその才能を伸ばしてあげましょう。好きなこと、得意なことに集中していると、子どもはそのなかから、さまざまなことも学んでいるのです。日常生活すべてが学びの場となるのは、「好きなこと」「得意なこと」に邁進できる環境が、その素地を作っているということを忘れないでください。

② 主要5教科の評価と同様に、実技科目もその価値を評価する

学校教育では、いわゆる主要教科（英数算国理社）といった科目と実技系の科目（芸術科目、体育など）があります。そして公立中学校では高校に進学する際に内申書があるため、実技科目は足を引っ張らない程度に点数を取る風潮があります。

ましてや高校ともなると、実技科目は息抜き程度の科目としてしか認知されないという実態もあるほどです。大学入試でも、一部の専門学部へ進学する場合を除き、主要教科のみを対象として試験をしています。

しかし、21世紀は論理以上に感性が重視されます。同じ答え出すための勉強以外に、人と異なる考え方やあり方が重視されてきます。そのことを考慮すると、実技系の科目は子どもの感性や人と異なることを学ばせるために、非常に重要な科目であると考えられます。いまから10年近く前からアメリカでは、ＭＢＡ（経営学修士）よりもＭＦＡ（美術学修士）の学生を積極的に採用する風潮が進んでいます。これは、企業はデザイン力のある学生を求めていることにほかなりません。私もＭＢＡを持っていますが、ＭＢＡはある意味、論理の世界です。精緻《せいち》に論理を組み上げて経営戦略を立

てたり、分析したりします。しかし21世紀は「それだけでは、もはや厳しい」と周知されたため、このように求める学生像も変わってきたのでしょう。

また、主要教科はできないものの、実技系ができる子も世のなかにはたくさんいます。それを「うちの子は体育はできるけど、お勉強のほうがね〜」と嘆いてはいけません。それよりも「体育」という得意がある事実を認めてあげましょう。これは自己肯定感の問題とも関わってきます。なんらかの分野で認められると人は自己肯定感が上がります。つまり、自分に自信を持つようになっていきます。この自信がそのほかの領域へのチャレンジを引き出すのです。

今後、学校教育をはじめ、社会的視点でも実技系の評価がとても重要になってくると考えています。

③ デジタルとアナログの融合教育

デジタルネイティブの子どもにとって、スマートフォンを使った検索をはじめとするＩＣＴ（情報技術）の活用は勉強のうえでも、日常生活のなかでも当然のこととなっています。この流れをあえてストップさせて、「図書館で調べるのがいちばん」「ネットではなく紙媒体のほうが信頼性は高い」などとこだわる必要はありません。ネットの膨大な情報量と、調べる時間の短縮、速さをおおいに利用すればいいのです。

むしろ必要知識、インプット系の知識はネットで調べることで解決させ、なぜか（WHY）、どうすればいいか（HOW）の2点に重きを置いた、アウトプット系のプレゼンテーション、ディスカッション型授業に切り替わるでしょう。つまり、得た情報をそのまま放置するのではなく、その情報について考え、議論し活用する術を学ぶことが重要なのです。

もちろんネットの情報には、いわゆる「フェイクニュース」のように間違いやエビデンスのないものも大量に含まれています。それらに接することも意味があると私は考えます。まずは、「フェイクニュース」「信憑《しんぴょう》性のない情報」がある、という事実を知ることが大切なのです。そのうえでメディアに流れる情報を取捨選択して、活用する能力であるメディアリテラシー（情報を識別、評価する能力）の習得も可能となります。膨大な情報の海に流されないメディアリテラシーの習得は21世紀を生きる子どもにとって、必要不可欠な能力となっていきます。

④ 知識の獲得はゲーム化させる

子どもの興味の入り口や、やる気の喚起としてITやゲームを活用した学習法（ゲーミフィケーション）は広がっていきます。PISA（OECDの国際学力調査）でつねに好成績をあげるフィンランドでは、単なる知識はゲーム化して習得させています。子どもたちはタブレット端末などでアプリやゲームを楽しんでいるうちに必要な知識をその過程で学んでしまうのです。

基礎知識の修得は、どうしても退屈になってしまいます。子どもにとってはとくにその傾向が強いでしょう。とはいえ基礎知識がなければ、その先の学習についていけないなど大きく影響します。ですから単なる知識の獲得については、ゲーム感覚で楽しく学ぶほうが子どもにとっても、はるかに効果的と言えるでしょう。

⑤ 社会の仕事と学校教育の知識との連動を認識させる

現在、多くの学校で、キャリア教育が行われています。インターンシップのほか、企業への社会科見学、あるいは企業トップの講演会を開催するなど、多種多様です。

しかし、私の考える「社会の仕事と学校教育の知識との連動」とは、端的に言えば、いま勉強していることが、どのように社会で、仕事で役立つのかについて認識させることです。もっとわかりやすく言えば、「因数分解が社会で、仕事でどのように役立つのか？」ということです。なかには子どもからの質問で答えに窮《きゅう》したことがある方もいるかもしれません。実際のところ、この「なぜ勉強するのか？」という根本的な質問に答えるのは、なかなかむずかしいものです。

「読み・書き・そろばん（計算）」といった基礎中の基礎は別として、実際に「いまの仕事で因数分解を使い非常に役立っている！」という人はほぼいないでしょうし、化学式や物理の知識なども、一部の人を除いて使っていないのが実情でしょう。

それでは、なぜ勉強する必要があるのか——。

私なら「勉強は〝脳トレ〟」と答えます。ようするに、さまざまな**思考法を得るために勉強している**ということです。たとえば、因数分解とは「基本的な構成要素」に帰着させることです。複雑な事柄をまとめ、シンプルな形へ導く思考法の脳トレとして役に立ちます。つまり複雑な現象はシンプルないくつかの要素のかけ算で成り立っているという思考を身につけているのです。このように一見すると、一つひとつの勉強は、社会に出てからまったく使わないものもあるでしょう。

しかし勉強は、思考法のトレーニングとなり、「考える力」をはぐくむために非常に大切なものであり、それ自体が大きな意味を持っているのです。

⑥ 消費者教育だけでなく、生産者教育も行う

20世紀における教育は、賢い消費者になるための教育として行われてきたと言っても過言ではありません。しかし、どのようにして、自分の才能をお金に変えていくのか、どのようにしてお金はめぐっているのかについての教育は、ほとんど行われてきませんでした。基礎教育という名の下に生産者教育は、世の中にサービスや商品を提供する側になるための教育です。子どもたちが自分の長所はなんなのかを知り、活かすための教育にもつながるものです。

これまで、小中高校では「ビジネス（お金）と教育」の関係は水と油でした。お金を稼ぐことに対する実践面での教育は、積極的ではないのが実情です。しかし、ビジネスに対して、「お金でなんでも解決していいのか」といったモラルを教えることは必要ですが、タブー視する必要はないのです。

現在、ＩＴ業界の第一線で活躍するトップリーダーや起業家の多くは大学在学中に

起業しています。フェイスブックはマーク・ザッカーバーグがハーバード大学在学中に創設し、マイクロソフトのビル・ゲイツが友人のポール・アレンとともに同社を立ち上げたのもハーバード大学在学中です。そのほか大学在学中に起業、創業したという例は枚挙にいとまがありません。さらに今後は日本でも大学在学中のみならず、高校在学中に起業するという人々が増えていくかもしれません。

テクノロジーの進化により、だれでも簡単にビジネスができる時代になりました。高校生だからこその、これまでにない発想が日本の社会を、あるいは世界を大きく変えるきっかけになることも考えられます。また、そういう子どもたちが増えることをおおいに期待したいものです。そのためにも生産者教育は非常に大きな意味があると考えています。

2020年からの教育大変革

2020年から大きく変わるもの① 学習指導要領

・2020年度「新学習指導要領」小学校で全面実施
(2013年4月2日〜2014年4月1日生まれの児童から)
・2021年度「新学習指導要領」中学校で全面実施
(2008年4月2日〜2009年4月1日生まれの生徒から)
・2022年度「新学習指導要領」高校で実施
(2006年4月2日〜2007年4月1日生まれの生徒から)
・学習指導要領で掲げる大きな3本柱
⑴個別の知識・技能 「なにを知っているか、なにができるか」
⑵思考力・判断力・表現力等「知っていること・できることをどう使うか」
⑶学びに向かう力、人間性等「どのように社会・世界と関わり、よりよい人生を送るか」
・小学校教育の変化
(英語) 小学3〜4年生"外国語活動"35時間、5〜6年生の"英語教科化"70時間の導入
(プログラミング) 2020年度からプログラミング学習の必修化
・2019年度から「高校生のための学びの基礎診断」を本格実施
・アクティブ・ラーニング型授業の導入
アクティブ・ラーニングとは、「対話的形を作ることで、考える力を引き出し、学びへの好奇心を引き出す方法」「主体的・対話的で深い学び」

2020年から大きく変わるもの② 大学入試

・2020年度(2021年度入学者選抜)から「大学入学共通テスト」を導入
・新しい取り組みとして「英語4技能評価」や「記述式問題」を導入
・大学個別試験の名称の変更。
一般入試➡「一般選抜」、AO入試➡「総合型選抜」、推薦入試➡「学校推薦型選抜」

2章

新しい教育で求められる能力とは？

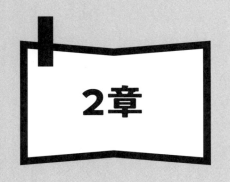

「たったひとつの同じ正解」の追求から真逆の状況へ

前章では、2020年の教育大改革の大枠を紹介してきました。そして、「思考力・判断力・表現力」が大学入試を頂点とする入試で必要なエッセンスであることは、おわかりいただけたのではないでしょうか。もっと簡単に表現するならば、「考える力」「表現する力」「付随する知識」と言ってもいいでしょう。

じつはこの**考える力**ですが、これまで「思考力の高い人」を育てる教育は限界がありました。なぜなら、「考えるとはどういうことか」を説明できず、その結果、考えるという概念そのものが教育のなかに欠如《けつじょ》していたからです。

日常生活では考えずに生きていくことができたため、特段、考えるという行為が日常的に行われることもありませんでした。ましてや表現するとなると、人と同じことが暗黙のうちによしとされる文化でした。このため、いちばん無難な「表現しない」という行為をとったり、「人と同じことを言っておけばいい」となります。

これまで、たったひとつの同じ正解を出すために、たくさんの児童・生徒は必死になって答えを探していました。それなのに人と異なる見方や考え方のほうが重要であるという、真逆の状況になってしまったのです。もし人と同じ考えや意見ばかりであれば「別に君でなくてもいいよ。他にもたくさんいるから」と言われる可能性もあるのです。さらに、ＡＩ（人工知能）はそのようなパターン化できるものは大得意です。このため、ＡＩにとって代わられることすらあるでしょう。

ですから、多くの児童・生徒は困惑するかもしれません。しかしこれが21世紀型なのです。本質的に見てみると、じつはこちらのほうが楽しいし、人間的と言ってもいいでしょう。人はみな違っているのだし、価値観や考え方が違っているのが本来の姿であって、同じであることのほうが怖いことなのです。

日本の教育が悪かったと錯覚してはいけない

このように子どもを取り巻く教育内容が大きく変化するのはまぎれもない事実です。もちろん早々と２０２０年の大変革に向けて、さまざまな取り組みをスタートしている私立中高も存在します。しかし、学校教育自体は即変化するとは考えにくいと思います。

ここで忘れてはいけないのは、これまでの日本の教育が全面的に悪いものではないということです。「大変革をするぐらいだから、これまでのすべてが悪かったんだ」と錯覚する可能性がありますが、そうではありません。日本の教育は現在でも世界のなかで優秀な国のひとつであることはたしかです。OECD加盟国で実施するPISA（学習到達度調査）でも、人口が1億人を超える国のトップは日本なのです。時代の変化とともに発生した問題はあるにしても、これほどの人口規模の国で現状、ハイレベルな教育を維持している日本の教育は失敗では決してありません。たんに、時代に合わせて教育内容（教育指導要領）や教育手法（アクティブ・ラーニングの適用など）を変えていこうということです。

つまり、これからの子どもたちに必要なのは、これまでの20世紀型能力とこれからの21世紀型能力をともに身につけていく教育だと私は考えています。

人工知能やロボット等による代替可能性が高い労働人口の割合

（日本、英国、米国の比較）

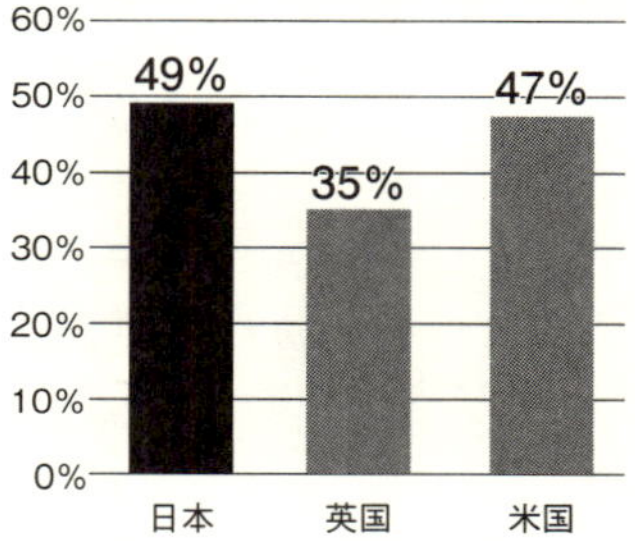

注）米国データはオズボーン准教授とフレイ博士の共著“The Future of Employment”（2013）から、また英国データはオズボーン准教授、フレイ博士、およびデロイトトーマツコンサルティング社による報告結果（2014）から採っている。

人工知能やロボット等による代替可能性が低い100種の職業

（50音順、並びは代替可能性確率とは無関係）

※職業名は、労働政策研究・研修機構「職務構造に関する研究」に対応

アートディレクター	芸能マネージャー	社会福祉施設指導員	ツアーコンダクター	フリーライター
アウトドアインストラクター	ゲームクリエイター	獣医師	ディスクジョッキー	プロデューサー
アナウンサー	外科医	柔道整復師	ディスプレイデザイナー	ペンション経営
アロマセラピスト	言語聴覚士	ジュエリーデザイナー	デスク	保育士
犬訓練士	工業デザイナー	小学校教員	テレビカメラマン	放送記者
医療ソーシャルワーカー	広告ディレクター	商業カメラマン	テレビタレント	放送ディレクター
インテリアコーディネーター	国際協力専門家	小児科医	図書編集者	報道カメラマン
インテリアデザイナー	コピーライター	商品開発部員	内科医	法務教官
映画カメラマン	作業療法士	助産師	日本語教師	マーケティング・リサーチャー
映画監督	作詞家	心理学研究者	ネイル・アーティスト	マンガ家
エコノミスト	作曲家	人類学者	バーテンダー	ミュージシャン
音楽教室講師	雑誌編集者	スタイリスト	俳優	メイクアップアーティスト
学芸員	産業カウンセラー	スポーツインストラクター	はり師・きゅう師	盲・ろう・養護学校教員
学校カウンセラー	産婦人科医	スポーツライター	美容師	幼稚園教員
観光バスガイド	歯科医師	声楽家	評論家	理学療法士
教育カウンセラー	児童厚生員	精神科医	ファッションデザイナー	料理研究家
クラシック演奏家	シナリオライター	ソムリエ	フードコーディネーター	旅行会社カウンター係
グラフィックデザイナー	社会学研究者	大学・短期大学教員	舞台演出家	レコードプロデューサー
ケアマネージャー	社会教育主事	中学校教員	舞台美術家	レストラン支配人
経営コンサルタント	社会福祉施設介護職員	中小企業診断士	フラワーデザイナー	録音エンジニア

出典：野村総合研究所（NRI未来創発センター）

「意味を理解する力」が不足する子どもたち

これからの子どもに必要なのは「考える力」、「表現する力」、これらに「付随する知識」と述べました。言い換えれば、すべての事象に対して「意味を理解する力」をはぐくむことがこれからの時代を生き抜くために重要になるということです。

「意味を理解する力」は「読解力」とも言い換えられます。現在、子どもたちの読解力は想像以上に低下しています。中高生2万5000人を対象にした調査では、高校生の約半分、中学生の約3割が教科書を正しく読めていない、という驚きの結果が出たほどです（『AI vs. 教科書が読めない子どもたち』東洋経済新報社）。小学生ではさらに多いことでしょう。教科書が読めない、理解できていない子どもの成績が上がらなかったり、勉強が嫌いになるのは、当然といえば当然の結果です。

また、「今後10年～20年間にかけて、現在日本国内で担われている職業の49%が人工知能などのロボットによって代替えできる可能性がある」との研究を2015年12月に野村総合研究所（NRI未来創発センター）が発表しました。調査の中心となったのは、英国オックスフォード大学のマイケル・A・オズボーン准教授とカール・ベネディクト・フレイ博士がこれまでイギリスとアメリカで同様の調査をしてきた研究の日本国内版として分析したものとされています。

さらにこの発表を受け「約半分もの職業が人工知能に奪われてしまう！」、あるいは「半分以上の職が消滅する」といったショッキングな言葉を用いた報道もあって驚いたり、不安をおぼえた人もいたことでしょう。

人工知能の技術の進歩や人口減少の社会問題もあり、人間がこれまで行っていた職業を人工知能が代替する流れが加速するのは間違いありません。ただし、すべての職業が人工知能に代替できるかといえば、それは違います。なぜなら、「人工知能は意味を理解しない」からです。人工知能は、膨大な情報のなかから将来使えそうな知識を見つけること（学習）はしますが、意味を理解したうえで答えを出すといったことはまだできないと言われています。

この「意味を理解する力」を持つことは、これからの時代を生きる子どもにとって必要不可欠な能力と言えるでしょう。

日常からの習慣づけが効率的

学校や家庭で勉強している時間だけでもある程度は学ぶことはできます。しかし、もっとも有効的な方法は、**日常から「思考習慣」「表現習慣」「学び習慣」を作ってしまうこと**です。そのほうが効率的でもあります。

学校の教育だけが教育ではありません。昔から言われるように教育の基盤は家庭で作られるのです。家庭教育では、子どもたちの感性や地頭を作っていく方法が重要になってきます。そのためには、人と同じであることが大切なのではなく、人と違うからこそ、素晴らしいのだという考えをベースにしていく必要があります。

私は、いま東京大学大学院教育学研究科博士課程に在籍しています。修士課程から通算してかなりの年数になりますが、これまで数多くの東大生と接する機会がありました。そして彼らがどのような家庭環境だったのか、どのような親であったのか、学校ではどんな勉強をしていたのか、それはどのような方法だったのかなど、たくさんの学生からヒアリングをする機会にも恵まれました（ここで東大生の例を挙げるのは、彼らは効率的・効果的な学び方をしてきているため、その方法については参考になるからです。なにも東大がすべてというためではなく、あくまでも参考としてお読みください）。

そのなかで見えてきたもののひとつが、彼らは「よく世のなかを観ているし、人の意見もしっかりと聴いている。そして考え、自分の意見を持っている」ことでした。

これらは勉学のときだけでなく、日常生活においても、この状態なのです。あえて作為的にそうしているわけでもなく、自然とできているということです。ここに最大のポイントが隠されているのではないかと私は考えています。

東大生は**「日常においてできている」**ということ。

これは大きなポイントです。先に述べたように、学校の教育だけが教育ではなく、勉強をしているときだけが学びの時間ではありません。つまり、日々の生活すべてが学びの場であり、成長の場なのです。

では、どうすれば「単なる日常生活」が「学びの生活」になるのでしょうか――。

その答えは、家庭にあります。しかも親の子どもへの接し方にあるのです。もっと詳しく表現すれば、家庭での子どもそれぞれへの個別の対応の仕方にあると言えるのです。

地頭を育てれば自然に身につく

東大生の話が出ましたが、私が多くの東大生と接していると、「頭がいいなぁ」と感じることがいくつかあります。

東大生ですから、勉強の成績も優秀なのでしょう。しかし、私が実際に彼らの話を聞いていて感じたのは「地頭がいい」ということです。地頭がいいというのは、辞書には「本来の頭のよさ」「知識量ではなく、論理的思考やコミュニケーション能力など」を指しているようです。

「でも、東大に合格する子どもなんて、生まれつきその地頭がいいんでしょう」と考える人も多いと思います。もちろん、ごく一部の天才は存在するでしょう。しかし、ある環境を与えてあげれば、地頭はだれでも後天的によくすることができるものなのです。自著『30日間で身につく「地頭」が育つ5つの習慣』（KADOKAWA）でも述べていますが、私は地頭というものを、次のようにとらえています。

「どこでも、どのような時代でも、生き抜いていけるだけの素地」

これをたとえるならば、パソコンのOS（オペレーション・システム）にあたるものです。

パソコンのWindowsやiOSなどがOSにあたるものです。パソコンには、ハードディスクがあり、そこに記憶する容量があり、素早い演算をするCPUがあります。さらにソフトを動かすためのOSが搭載されています。このOSによって、ワードやエクセルなどのソフトが稼働されるのです。スマートフォンで言えば、iOSのほかにAndroidなどもOSです。スマートフォンでもこれらのiOSやAndroidのバージョンを上げると、さまざまな機能が使えるようになります。逆にOSが古いと新しいソフトやアプリに対応できなくなります。このようにOSは非常に重要な基盤と言えます。

これを人間の頭に置き換えてみましょう。OSにあたるものが「地頭」。そして、「地頭をよくする」は「新しいOSを手に入れる」ことにほかなりません。ひとつ異なる点があるとすれば、パソコンのOSは古いソフトに対応できませんが、地頭は古いソフトも動かすことができるのです。

つまり地頭とは時代や空間を超えて、いつでもどこでも対応可能なOSといえます。

前項で紹介した東大生が「日常においてできている」というのは、勉強しているときはもちろん、日常生活においても同様に彼らのOS（地頭）は動いているわけです。

すると、学習がたんなる記憶や機械的なものではなくなり、意味を理解する学習となって身についていきます。また、日常生活をただやり過ごすことはなくなり、つねに頭は働くようになります。こうなると自然に「思考習慣」「表現習慣」「学び習慣」が身についていくようになるのです。

「考える力」は問われることからはぐくまれる

それでは「考える力」を高めるためにはどうすればいいのか、ということになってきます。そのためには「問う」というスキルを使います。

人はだれかに問われる（質問される）ことによって、意識が集中し、はじめて「考える」という行為がはじまるものです。しかしWhat（何が）、Who（誰が）、Where（どこで）、Which（どれが）の質問ばかりでは、いつまでも頭は動きません。頭に入っている情報なら、もちろん答えられるでしょうが、そうでなければ「わかりません」となってしまいます。

これが現在の学校教育におけるテストの正体なのです。ですから学校では「インプット作業」、いわゆる暗記ばかりをやってきたのです。おぼえていれば答えられますので、点数も取れ、成績もあがります。

しかし、これまでも一部の〝賢い〟子どもは、単純に丸暗記ではなく、意味を理解しながら頭にインプットしてきたということは、意外と知られていません。このような子どもたちは2020年以降、試験の形式が変わったとしても、とくに問題なくこなしていくはずです。

ですから、これからはこれまで一部の子どもたちしか実践していなかった、インプットプロセスを変えていくことが大きなポイントと言えます。

無意味な丸暗記モデルを捨てて、意味を理解しながらインプットする方法を身につけてしまうのです。

3つの力があれば21世紀でも子どもたちは幸せに人生を歩める

ここまで地頭や考える力の重要性について話を進めてきました。これらを身につけるには方法があり、それについては家庭内で行ってしまおう。これを私が強調して伝えたいことなのです。それでも、あまりにも「思考」という部分だけにかたよると、人生を肯定的にとらえることができなくなったりします。このような思考のみがもたらす弊害《へいがい》がないともいえません。

私はママカフェや講演会などを通じて、21世紀型教育についてお話するときは、次の話題を必ず強調しています。

それは、「子どもが21世紀の人生を幸せに生きていくために必要な3つの力」についてです。もちろんこのなかには、「考える力」も入っています。この「考える力」は地頭とも関わってくるため、本書では紙面を大きく割いて、次の章でご説明しますが、その前に「子どもが21世紀の人生を幸せに生きていくために必要な3つの力」について、お話しておきます。

「子どもが21世紀の人生を幸せに生きていくために必要な3つの力」は次の3つです。

1．考える力
2．創り出す力
3．人を大切にする力

1．考える力

「考える力」は、思考する習慣、表現する習慣（話す習慣）を家庭に取り入れることではぐくまれます。具体的な方法は後章に譲りますが、ここで大まかな内容を紹介しておきます。

①思考する習慣をつくる

思考する習慣は、以下の3つを日常生活のなかで、対話を通じて行います。

・同じか違うかの判断（同じもの、違うもの、ちょっと違うものの区別）
・抽象と具体の往復（「ようするに？」と「たとえば？」）

・理由と方法（「なぜだろう？」と「どうすればいい？」）

ここで大切なのは、**〝勉強以外の時間〟で行う点**です。これらのことを習慣化させることで、子どもたちは物事の見方を知ることができるのです。するといままでは見えなかったものが見えるようになり、子どもが持つ好奇心に火をつけます。さらに深く考え、新しい発見や気づき、あるいは独自の発想を得ることにつながっていきます。ちなみに国語力は間違いなく上がります

②表現する（話す）習慣をつくる

２０２０年に向けて今後、学校の授業ではアクティブ・ラーニングがはじまり、グループによる課題発見学習や問題解決学習、ディスカッションやディベートといった形態が増えていきます。授業ですから、もちろんそれによる評価もなされることになります。ということは、ペーパーテストでよい点数が取れればいい時代は、すでに終わりつつあるということも明らかです。

「話す」習慣も家庭で身につける必要があるでしょう。

ここで注意したいのが、「話す」ことは「おしゃべり」とは違うということ。「話す

力」とは、「相手の話を理解したうえで、わかりやすく、筋道を立てて、事実に基づいて自分の意見を話すことができる」能力のことです。大人でもなかなかむずかしい能力ですが、話す力は社会に出てからも必ず求められる要素です。

2. 創り出す力

創造的な力を高める力をはぐくむ、みずから作り出す力を引き出す方法は、さまざまあります。ここではこれまで効果があった代表的なアプローチをいくつか示しますので、参考にしてみてください。

①子どもが夢中になれることから取り組む

たとえば、自分たち自身でルールを作って遊ぶ遊び、自然体験、折り紙、レゴブロック、絵やイラストを描く、料理、整理整頓《せいとん》などはおすすめです。また、できないことや困難な出来事に直面することもじつは創造する（クリエイティブ）力を引き出します。

②ワンパターンから外れる

たとえば、駅へ行く道順を変える、買い物に行く店を変えるなど単純なことでかまいませんから、とにかくワンパターンをはずしていきます。また、人と同じ意見を言わないということもパターンをはずすことにつながります。

アクティブ・ラーニングが取り入れられることにより、子どもたちが授業のなかで発言する機会も、人の意見を聞く機会も増えることになります。その際に、人と違う意見があってもいいと理解していることは大切です。また、自分の意見、人の意見は違っている場合もあること、事実と意見は違うということも知っておくと、社会に出た後でも非常に役立つものです。

③天井を作らない

天井とは、子どもの限界値のことです。子どもはいつしか、「自分はここまでしかできない」と考えるようになります。おそらく周囲の大人からそのような情報がインプットされた可能性が高いのですが、それはそれで仕方ないことです。そこで、これからは、「ここまでしかできない」という発想を捨て、「どこまでできるか」に挑戦する姿勢を持つといいでしょう。そのためには子どもの好きなことを徹底的に追求してやらせていくと、天井という概念がなくなります。すると既定路線という道だけではなく、別の道もあるのだと気づき、創造的人生を歩んでいくことができるでしょう。

3．人を大切にする力

前記した2つの力は、いずれも能力的な要素です。しかし、この2つの能力が高くても、必ずしも幸せにつながるとは限らないのです。21世紀に限らず、これまでの20世紀においても、じつはもうひとつ重要な力が必要になってきます。それが「人を大切にする力」なのです。勉強ができても、この力がないと幸せな人生を歩むことはむずかしいでしょう。また、創造する力があっても、なにか空虚感が残ることでしょう。

これまでは道徳的に「人を大切にしなさい」とは言われてきたと思います。私は21世紀は、「考える力」「創り出す力」とともに、「人を大切にする力」は同列に必要な力であると考えています。つまり、これもひとつの能力であると考えているのです。

この話をするときに必ずお伝えする話題があります。それは「偏差値尺度と思いやり尺度」です。前者は職業選択に影響を与え、後者は人生を幸せに生きられるかに影響を与える尺度です。

職業のなかには、本人の能力とともに条件が求められるものがあります。つまり、学歴などです。わかりやすい事例で言えば、弁護士や医師、薬剤師、教員などは、それぞれの資格や免許が必要で、大学で所定の学部を卒業することなどが求められます。偏差値の高い低いによって選択できる職業が限定されることも往々にして起こります。ですから偏差値尺度というものは、将来の職業をある程度、自由に選ぶために重要となります。この尺度は20世紀型教育でいちばん重視されたものでもありました。

一方の思いやり尺度は、人を大切にする力を測るものです。この尺度は、私がお会いする人々を見ていて、つくづく大切なものだと感じているのです。

ひとつ例をあげましょう。私は仕事の合間をぬって、あるコーラスグループに参加しています。NHK紅白歌合戦に出場し、ミリオンセールスも誇る作曲家であり歌手でもあるK・Oさんという著名な方のバックコーラスをする機会を得て、活動を続けています。このバックコーラスのメンバーは一部上場企業の会長、社長や年商数十億を稼ぐ起業家、元検事や弁護士、ブランド店や有名ホテルをクライアントに持つ木工職人など錚々《そうそう》たる面々です。いわゆる世間ではみなさん成功者と呼ばれる方々です。

世間からの評価のみならず、メンバーのみなさんは人生をおおいに楽しみ、毎日ニコニコ笑顔で活動的に過ごされています。

しかし学歴だけを見るとハーバード大学、東京大学、慶應義塾大学など国内外の有名難関大学出身者もいれば、高校中退、なかには中卒の方など多彩です。そんな彼らに共通しているものがあります。それがこの「人を大切にする力」が抜きん出ていることなのです。

ある上場企業の創業会長夫人は「主人の会社がうまくいっている理由は私にはわかりません。ですが、一緒に働いてくださっている方々からは、主人だから仕事をしたいといつも言っていただいています」とおっしゃっていました。自分と同じ職業の人は世のなかにたくさんいます。しかし「なぜ、あなたなのか？」に対する回答は、「人を大切にしてきた」こと以外見当たらないと、みなさんがおっしゃいます。人は大切にされれば、自分もその人と一緒に働きたい、一緒に仕事をしたいと思うものです。

実際、練習やコンサート当日でもメンバーのみなさんとすごす時間と空間は本当に心地よく感じられます。グループのみなさんとご一緒するたびに、「人を大切にする力」は自分だけでなく、周囲の人も幸せな気持ちにさせるのだとつくづく実感するのです。

このように人を大切にする力、思いやり尺度は、これからの時代にますます必要不可欠なものだと思います。いわゆる〝勝ち組〟と称されるクラスに属することを追求しているだけでは、人々は離れていきます。ビジネスの世界でも「ひとり勝ちしていれば成功」という時代では、もはやなくなっているのです。「人を大切にする力」は社会に出てからの長い人生をより良く、幸せに生きるためにも、子どもたちにぜひ身につけさせたい力だと感じています。

この「人を大切にする力」をはぐくむためには、人を助ける場、とくに親がだれかを手助けする機会があれば、それを見せるのがいちばん効果的です。また子どもに対して「ありがとう！」「助かった！」「うれしい！」という感謝のマジックワード（後述）を家庭のなかでどんどん使っていきましょう。人は自分が大切な人間であると思えなければ、人を大切にすることができません。まずは、ご自身の子どもに「自分は大切にされる存在なんだ」ということを日常生活のなかで伝えることからはじめてください。

以上3つの力について説明してきました。これまで紹介してきた力は、家庭内の子どもへの接し方、対話の仕方次第で十分につちかうことができるものばかりです。また小・中学生でも、高校生でも、あるいは就学前の子どもであっても問題ありません。

それでは次章からは、3つの力のひとつ、「考える力」に焦点を当てて、どのように子どもと対話すると「考える力」を家庭ではぐくむことができるのか、その方法をいくつか取り上げ、具体的に紹介していきましょう。

新しい教育で求められる能力とは？

2章 まとめ

これからの子どもに必要な能力

・「考える力」
・「表現する力」
・上記に「付随する知識」
・すべての事象に対して「意味を理解する力（＝読解力）」

3つの習慣を身につけることが重要

・「思考習慣」
・「表現習慣」
・「学び習慣」

地頭のいい子＝時代を生き抜く力を持っている

・地頭がいいとは、「どこでも、どのような時代でも、生き抜いていけるだけの素地」
・地頭とは、時代や空間を超えて、いつでもどこでも対応可能なＯＳ

21世紀を幸せに生きる3つの力

・考える力
・創り出す力
・人を大切にする力

3章

「考える力」は、家庭の会話でグングン伸びる

思考する習慣は、日々の「対話」ではぐくむ

本章では、「考える力」を家庭でどのようにして作っていくかという方法を紹介します。考える力は、おもに「思考する習慣」と「表現する習慣」の2つの習慣をつけていくことで伸ばしていきます。

まずは「思考する習慣」をつけるための対話法である①同じか違うかの判断（同じもの、違うもの、ちょっと違うものの区別）、②抽象と具体の往復、③「理由と方法」を考える、についてひとつずつ見ていきましょう。

①「同じか違うかの判断」をする

「同じか違うかの判断」は意外なことと思われるかもしれません。同じことか違うことは、だれだってわかるものであると早計に思われがちです。しかし、この「同じか違うかの判断」はわかっているようでわかっていない、非常に重要な思考習慣なのです。もっと厳密にいうと、「同じものであると思っていたら、じつは違っていた」と

か「違うものであると思っていたが、じつは同じことだった」といったことが気づける習慣です。

同じものと一見わかっていても、じつはよく見ると細部が違っていたり、また逆にまったく違うように見えても、内容は同じであったりすることは日常茶飯事です。見ている部分が違うと人によって解釈が異なるため、単純に「AとBは同じ」「AとBは違っている」とは言えないのです。じつは、いわゆる地頭が良い子たちは、これが瞬時にできるのです。ですから、同じ勉強をしていても、見えている内容が異なるのです。

そのためには、机上《きじょう》の勉強時間〝以外〟の日常生活のなかで「よく観察して変化に気づく」習慣を身につけることが効果的です。この「よく見て変化に気づく」習慣を日常で作っておくと、日常の一環である勉強の面に応用されていきます。

この習慣を身につけると最初に「パターン認識能力」が高まります。

まったく異なるパターンがいくつか出されたときは、非常にわかりやすく、だれにでも区別することはできます。問題はちょっと違うものが出されたときに、それが判断できるかどうかです。日ごろ、ワンパターンの行動であったり、知識を無機的に記憶していたり、思考せずに物事を見ていると、パターン認識能力は習得できません。

テスト問題でいえば、これまでに解いたことのある問題と比較して、出題された問題が同じか、ちょっと違うか、まったく違うかの判断がつくかどうかです。この判断ができれば、一度も解いたことがないものであっても、「これは、前に解いたあの問題と全体では似ているけど、ここの部分がちょっと違うんだ」と瞬時にわかるのです。この思考ができていない子は、少し違う問題を見ただけで、「まったく違う問題だ。はじめて解く」と認識してしまいます。脳にまた新たなインプットをしなければならないと勘違いして、負荷がかかるのです。これが勉強嫌いにさせてしまう要因のひとつなのです。

日々の生活が単調であったとしても、意識を少し変えるだけで「変化」を感じることが可能となります。

「この部屋で『青いもの』は何がある?」と子どもに問いかけてみてください。すると周囲を見渡して「クッション」「お花」「カレンダー」「かばん」……などと答える

郵便はがき

料金受取人払郵便

牛込局承認

5559

差出有効期間
平成31年12月
7日まで
切手はいりません

162-8790

東京都新宿区矢来町114番地
神楽坂高橋ビル5F

株式会社ビジネス社

愛読者係 行

ご住所 〒 TEL: ( ) FAX: ( )		
フリガナ お名前	年齢	性別 男・女
ご職業	メールアドレスまたはFAX メールまたはFAXによる新刊案内をご希望の方は、ご記入下さい。	
お買い上げ日・書店名 年 月 日	市区 町村	書店

ご購読ありがとうございました。今後の出版企画の参考に
致したいと存じますので、ぜひご意見をお聞かせください。

書籍名

お買い求めの動機

1　書店で見て　　2　新聞広告（紙名　　　　　　　　　）

3　書評・新刊紹介（掲載紙名　　　　　　　　　）

4　知人・同僚のすすめ　　5　上司、先生のすすめ　　6　その他

本書の装幀（カバー），デザインなどに関するご感想

1　洒落ていた　　2　めだっていた　　3　タイトルがよい

4　まあまあ　　5　よくない　　6　その他(　　　　　　　　　)

本書の定価についてご意見をお聞かせください

1　高い　　2　安い　　3　手ごろ　　4　その他(　　　　　　　　　)

本書についてご意見をお聞かせください

どんな出版をご希望ですか（著者、テーマなど）

「同じか違うかの判断」をする力を引き出す 3つのキーワード

「なにが違っている?」

「なにか変わったかな?」

「どんな違いがある?」

はずです。このとき、子どもの意識はそれらの『青いもの』に向いています。しかし、それが『青いものであること』は日常生活のなかでは意識していなかったはずです。これと同じようなことが、毎日の生活のなかで起きているのです。つまり人は意識しなければ思考は動かず、なんとなく過ごす日々になってしまうのです。

親がちょっと声掛けをしてあげるだけで、子どもの意識がそこに向かい、見るという習慣がついていきます。見ることによって、変化や違いを感じることができるようになっていきます。

地頭がよい人は、なんとなく過ごすことはありません。なに気ない日常のなかでさまざまな気づきをキャッチし、つねに思考し、脳を働かせているのです。もちろん、これは意識して行っているわけではなく、自然と思考してしまうのです。ですから習慣化させてしまえばいいのです。

そのために必要なのが**対話**です。その問いかけとして、

「スーパーに行くまでの間に、いつもと変わった（違う）ことを4つ探してみよう！」

「車から見える看板で、赤以外の看板はなにがある？」

「大人と子どもの着ているものや持ち物では、どんな違いがある？」

「花が咲いている草・木と咲いていないものとでは、なにが違うのかな？」

などがあります。

このとき、日常生活の発見や驚きをクイズやゲームのような気持ちで問いかけしていくことがポイントです。勉強という感じではなく、あくまでも遊び感覚で対話を楽しむ雰囲気づくりを心がけます。親からすれば、想定外の答えが返ってくることもあるでしょう。それはその子の感性でもあるので、決して否定はしません。否定すると

子どもは二度と答えなくなります。「そんな考え方、発想もあるんだ！」と軽い感じで受け止めてあげてください。

②「抽象と具体の往復」をする

「抽象と具体の往復」とは、抽象度を上げることができる思考を意味する「抽象思考」のことを指します。少し言葉はむずかしいのですが、端的に言えば、「ようするにどういうことなのか」と「具体的にはどういうことなのか」を往復する思考ということです。「抽象的思考」は、論理的思考（ロジカルシンキング）と言い換えることもできると思います。

この論理的思考という言葉を聞いたことがある人は多いと思います。論理的思考はずいぶん以前から取り上げられ、重視されてきました。社会人になって求められる能力のひとつであるにもかかわらず、実際の学校教育で、修得できた人がどれだけいたかは疑問が残るところですが……。また、論理的思考を持つことが、いわゆる地頭がいいという人の条件でもあるとされています。

では、抽象度が上がるとはどういうことかというと、生物図鑑を例にするとわかりやすいでしょう。図鑑には、大項目、中項目、小項目があります。大項目に「哺乳類」、小項目に「イヌ科」があります。大項目が「抽象」で小項目が「具体」にあたります。

もっと具体的にいえば、「近所のAさんの飼育しているオスのゴールデンリトリバー」となります。ここから抽象度を上げていくと、「(一般的な)ゴールデンリトリバー」↓「大型犬」↓「イヌ科」↓「哺乳類」↓「動物」↓「生物」↓「有機体」となっていきます。もっとも抽象的なのが「有機体」で、「Aさんの飼育しているゴールデンリトリバー」がもっとも具体的です。このように抽象度を上げていくとともに、徐々に大きな範囲を示す次元に上がっていきます。

それでは、この「抽象度を上げていく」ことが、なぜ重要なのかというと、具体的な部分がすべて見えてくるため、全体構造が把握できるようになるからです。たとえば、個別の具体的問題だけを見ていると解決策は見つかりません。しかし、その**問題の抽象度を上げて見ていくことで、問題が解決する**ケースが多々あるのです。私は、この話を社会人研修でいつも実施しています。非常に重要なことなのですが、世のなかではあまり語られないのです。

「抽象と具体の往復」をする習慣をつけるには、2つのマジックワード(対話用の問

抽象度が高い、上げるとは？

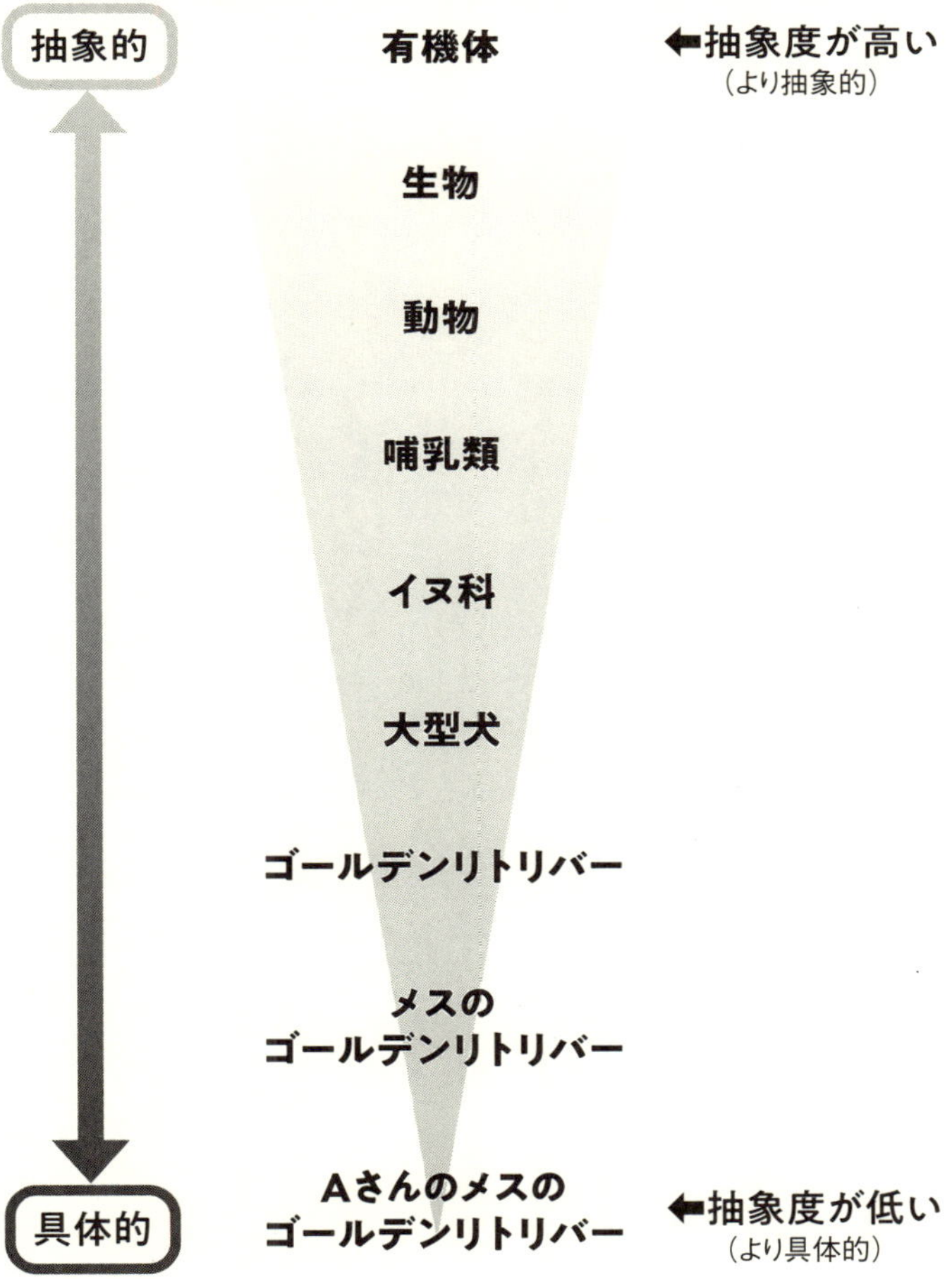

いかけ）を対話のなかに取り入れるだけです。これだけで、抽象度思考、論理的思考をはぐくむことが可能となります。

マジックワード①「ようするにどういうこと？」In a word?

子どもと話をすると、個別で、具体的すぎる内容のことが多いと思います。自分が見たまま、あるいは経験したままを話す傾向があるので仕方ありません。そんなときに、「ようするにどういうことかな？」と問いかけ、簡単にまとめるよううながすのです。

人は「ようするに？」と問われると、自然とまとめはじめます。子どもであっても、子どもなりにまとめようと考えるようになります。ところが、テスト問題や問題集のように「要約せよ」と言われると、途端に緊張してしまい、なにか答えを出さなくてはいけない、正解しなくては……という気持ちになってしまうものです。ですから、日常生活の会話のなかで、あくまでもさりげなく「ようするにどういうこと？」、あるいは小学生より小さい子どもであれば、「ひと言でいうと、どういうことかな？」と聞いてあげることがポイントです。これを日々くり返していくことで、子どもは、まとめる（抽象度を上げる）ことに慣れ、それが習慣化していきます。

とはいえ、最初はうまくまとめられない子どももいるでしょう。その段階では、親が「ようするに〇〇ということだね」と代わりにまとめてあげましょう。すると、子どもは、まとめ方の方法を自然と学習していきます。ゆっくりと子ども自身でまとめるように誘導していけばいいのです。

マジックワード② 「たとえばどういうこと?」 For example?

今度は抽象的な内容をわかりやすく具体的に説明させるときに「たとえば、どういうこと?」、あるいは「たとえば?」と問いかけます。子どもの話を聞いていても、あまりに漠然《ばくぜん》としていたり、抽象的すぎて親が理解できないこともあると思います。そんなときにはすかさず「たとえば?」と聞いてあげると、子どもは相手にわかりやすく伝えるための具体例を考えはじめるのです。

また、子どもの話には「だれがだれと」「どこで」「いつ」「なにを」という部分が抜けていることが多々あります。そのようなときには、これらを確認するようにしてください。そして、そのように話をしなければ、相手に伝わらないことを教えてあげましょう。

マジックワード「ようするに？」と「たとえば？」の往復が、つまりは「抽象と具体の往復」であり、これができる人を地頭がいい人、賢い人というのです。

③「理由と方法」を考える

「理由と方法を考える」ことは、クリエイティブ思考、つまり創造力につながります。既存の知識を組み合わせて、新しいモノや方法を生み出す力のことです。一部の発明家や芸術家のような天才的才能を意味しているものではありません。

一般的には、多様なメンバーで構成された人々と、自分とは異なる意見を出し合うことで、創造力は生み出されます。アクティブ・ラーニングのなかにも「共通の問いに対する、異質な考えを持つ者同士の対話する」という手法もあり、２０２０年以降の教育で重視されている力です。

しかし、私はひとりでも創造力を引き出すことは可能だと考えています。これまで多くの東大生と接し、同じ授業を受けたり、研究を行ったりしてきました。そのなかで、わかったことは、「彼らはつねに理由と方法を考えている」ということだったのです。

マジックワード③「なぜ?」 Why?

このマジックワードは、論理力も高める言葉であり、理由や背景を考えさせるときに使います。

学校教育で問われる一般的な質問は、「なに(What?)」「だれ(Who?)」「いつ(When?)」「どこで(Where?)」です。さらに選択肢問題では「どっち(Which?)」となります。「なに(What?)」「だれ(Who?)」「いつ(When?)」「どこで(Where?)」の質問なら、頭に知識が入っていれば答えられる質問です。「どっち(Which?)」という選択肢問題では、知識が入っていなくても選べばよいので、正誤は別として回答は可能です。これらの質問は、頭に入っている知識の確認にはなりますが、考えてはいないという証明になります。

ところが、「なぜ?」という質問に対しては、考えなければ答えることができません。さらに、「なぜ?」という問いは、根本原因を見つけるための課題解決、問題解決に不可欠なキーワードでもあるのです。人は「なぜ?」と聞かれてはじめて「脳が動く」

マジックワード「なぜ？（Why?）」で
脳を動かす

学校教育で問われる一般的な質問

「なに（What ?）」「だれ（Who ?）」
「いつ（When ?）」「どこで（Where ?）」

⬇

頭に知識として入っていれば（記憶していれば）回答できる。

選択肢問題「どっち（Which ?）」

⬇

頭に知識として入っていなくても正誤は別として回答できる。

⬇

考えていない。考えなくても回答できる

マジックワード「なぜ？（Why ?）」

⬇

考えなければ回答できない。
根本原因を見つけるための課題解決、問題解決に
不可欠なキーワード。

⬇

「なぜ?」と聞かれてはじめて「脳が動く」

と言っても過言ではありません。

私が子どもたちに勉強を教えるときに感じたのは、子どもたちは「なぜ?」という言葉に非常に興味を示すということです。なぜなら、この「なぜ?」がなければ、勉強はたんなる知識の暗記に終始してしまうため、おもしろくないのです。たとえば、数学では「なぜそうやって解くの?」、社会では「なぜ、こんな仕組みができたと思う?」、選択肢問題でも「なぜ、①の選択肢を選んだの?」といった具合に、授業の一部に「なぜ?」をたくさん入れて、子どもたちの頭を動かすようながしてきたのです。

このマジックワード「なぜ?」を日常生活の会話でもどんどん取り入れてください。驚くほど子どもが会話に乗ってくることを実感できるはずです。この「なぜ?」は、3回くり返すと本質につき当たるケースが多くなりますので、こちらも活用してみるといいでしょう。

1点だけ注意しなければならないのが、子どもを追い込むための「なぜ?」ではないということを肝《きも》に命じてください。「なぜ、こんなことしたの!」「なんで、何度言っても直らないの!」の「なぜ?」です。これは、怒っているときの『枕詞』に過ぎませんので要注意です。

マジックワード④「どうすれば?」How to?

「じゃぁ、どうすればいい?」と問われると、創造力が出てきます。この「どうすれば?(How to?)」というマジックワードは、意見や方法を問う言葉です。

「どうすれば?」は、物事の原因がわかった後に、自分の意見や方法を考えさせるためのマジックワードです。日常生活のなかで、先述のマジックワード「なぜ?」で理由を考えさせ、その理由・原因がわかった後に「どうすれば?」と問いかけていくと、「理由と方法」を考える習慣がスムーズに習得できるでしょう。このマジックワードは問題を解決させる「考える力」を引き出すだけでなく、ポジティブな思考の人間にもさせていきます。

表現する(話す)力をはぐくむ

私が身につけてほしい「表現する(話す)力」とは、「相手の話を理解したうえで、わかりやすく、道筋を立てて、事実に基づいて自分の意見を表現する（話す）こと」を指します。何度も述べているように2020年からの学校教育で導入されるアクティブ・ラーニングでは、この表現する（話す）ことは必要不可欠な要素となっています。「表現する（話す）」習慣をつけるためには、2つのキーワードがあります。それが、

①感性を高める

②筋道を立てて話をする（ストーリー展開の話し方・論理展開の話し方）

以下、順番に説明していきます。

①感性を高める

論理的であることは重要です。論理的であれば、説明が体系立てられ、話がわかりやすくなります。ですからプレゼンテーションや論文などのアウトプットでは、論理的であることが大切です。しかし、私はここに落とし穴があるとも感じます。あまりにもこのアウトプットの重要性が喧伝《けんでん》されているため、視点がそこだけに行きがちではないかと思うのです。論理の勉強に気を取られすぎると、プレゼンテーションの達人にはなっても、中身がなく、斬新さがない、という残念な結果になることも少なく

ありません。

そこになにか欠けているのかといえば、「感性」だと思います。これは物事を心に深く感じとる働きです。

私はこれまで塾で多くの生徒を指導してきましたが、頭のよい子は、この感性が優れていました。つまり、**理屈よりも感覚でとらえる力**があるのです。論理だけが頭のよさを促進しているのではない、と私は断言できます。

世間を見回してみても、論理力よりも感性が強い人のほうが、勉強も仕事もできるように感じます。理屈ばかりこねる人は仕事ができないとよく言われますが、まさにこのことを意味しています。

この感性が高まってくると、子どもはなんでも感じとり、自分の意見が言えるようになるため、「表現する（話す）」ためのベースが完成していきます。

くり返しになりますが、論理的思考はとても重要です。しかし、論理よりも感性を高めるための習慣を日常生活では優先すべきだと私は考えているのです。

マジックワード⑤「どう感じた?」「自分だったらどうする?」(How?)

感性を高めるためにもっとも効果的な方法は、マジックワードである「どう感じた?」を会話のなかに取り入れることです。さらに、「あなたはどうしたい?」と聞かれれば、他人事から自分事になり、自分の意見を考えることになります。この「自分だったらどうするか?」という視点をプラスすれば、頭が働き出し、心が動き、自分事となっていくのです。

話題は日常のたわいもない雑談でかまいません。友だちのこと、学校のこと、趣味のこと、あるいは一緒に観ているテレビのニュースなど、なんでも題材となります。

そこで、

「このニュースを聞いて、どう感じた?」

「あなただったらどうしたい?(どうする?)」

「もし、相手の立場だったら、どう対応する?」

といった問いかけをすることで、子どもの感性は徐々にはぐくまれていくのです。

多くの体験をさせる

子どもたちの日常生活は、変化に乏しいワンパターン化したものになっていることが多いと感じます。多くの体験をさせるなら、このワンパターンからはずれることをおすすめします。まずは駅へ行く道順を変える、買い物に行く店を変えるなど単純なことからはじめるといいでしょう。

そのほか、異なる年代の人、自分とは異なる境遇の人、いつもと異なる場所に行くことによって子どもたちは多くの刺激を受けるのです。

とくに自然のなかでの遊びはおすすめです。このような身体を使った体験は、その後の学力向上にもおおいに役立ちます。

美しいものに触れさせる機会を増やす

音楽、絵画、景色や映画など、さまざまな美しいものに触れる機会を増やしてあげましょう。とくに自然の美しい風景などは最適の素材です。

周囲が美しい環境で育つ子どもと、汚い環境で育つ子どもとでは、その後の感性に大きな影響を与えるものです。ですから、身の回りを美しく整理整頓することは、感性の向上にも役立つ大切な習慣と言えるでしょう。

②筋道を立てて話をする

感性が高まってきた後に大切なのは、その感性を使って自分の意見を組み立てて説明する「論理的な話し方」を身につけることです。むずかしく考える必要はありません。論理といっても、相手に伝わるようにわかりやすく話す練習を家庭内の会話で行っていくだけです。

道筋を立てた話し方には2つのパターンがあります。ひとつが「ストーリー展開の話し方」。これは、小説のように起承転結があるといったら、わかりやすいでしょう。一方の「論理展開の話し方」は論説文や説明文のように話す方法です。

ストーリー展開の話し方

ストーリー展開とは、時系列や心情が入った昔話や小説のように展開するものです。基本的な流れは、

【状況】→【出来事】→【心情】のくり返し

となっています。昔話の『桃太郎』を例にすると、以下のようになります。

【状　況】むかしむかし、おじいさんとおばあさんがいて、おじいさんは山に芝刈りに、おばあさんは川に洗濯に行きました。

【出来事】川上から桃が流れてきました。

【心　情】不思議に思って、拾い上げて家に持ち帰りたいと思いました。

これを会話のなかで進めていくときのポイントは、それぞれにいわゆる5W1Hが、【状況】→【出来事】→【心情】の流れに配分されているかを確認することです。

【状　況】「はじめはどういう状況なのか？」

→4W「いつ（When）」「どこで（Where）」「だれが（Who）」「なにを（What）」

【出来事】「どういう出来事があったか？」→1W　時間（When）の流れに沿って

【心　情】「なぜなのか？」→1W「なぜ？（Why）」

「どのように思ったのか？」→１Ｈ　「どのように？（How）」

実際の子どもの話は、これらの５Ｗ１Ｈが不足していることが多いものです。子どもの話のなかに、これらが抜けている部分はそのつど、質問してあげてください。そうすることで、子どもは少しずつ、抜ける部分がなく話すようになっていきます。

論理展開の話し方

論理展開の話し方は、言いたいことをわかりやすく伝える方法です。国語や英語では論説文、説明文の構造となっています。一般社会では、プレゼンテーションでよく使われる形式となります。基本的には、

【序論】→【本論】→【結論】の流れ

【序　論】「これから話す内容はだいたいこういうもの」という部分
【本　論】「もう少し詳しく話すと、こうなります」という部分
【結　論】「私が言いたいことはこういうことです」という部分

これを会話のなかで進めていくと、次のような流れになります。

【序　論】↓言いたいことをまとめて先に言ってもらう
【本　論】↓もう少し説明してもらう（2〜3つの具体例を出してもらう）
【結　論】↓「今後どうしていきたいか（How）」あるいは「言いたいことのまとめ（ようするに）」を話してもらう

じつは、「ストーリー展開の話し方」と「論理展開の話し方」というのは、国語で出題される2大パターンなのです。日常会話でこれらの話し方ができていると、小説の問題や論説文・説明文の問題の構成を把握することができるようになります。「表現する（話す）習慣」を身につけると、国語の問題もスムーズに読むことができるようになるのです。とくに「国語が嫌い！」という子どもには、身につけてほしい力です。

3章 まとめ 「考える力」は家庭の会話でグングン伸びる

「思考する習慣」をつけるための問いかけ

①同じか違うかの判断（同じもの、違うもの、ちょっと違うものの区別）
➡「なにが違っている？」「なにか変わったかな？」「どんな違いがある？」
②抽象と具体の往復
➡マジックワードを活用①「ようするにどういうこと？」 In a word？
➡マジックワードを活用②「たとえばどういうこと？」 For example？
③理由と方法を考える
➡マジックワードの活用③「なぜ？」 Why？
➡マジックワードの活用④「どうすれば？」 How？

表現する（話す）力をはぐくむ

①感性を高める
➡マジックワードの活用⑤「どう感じた？」「自分だったらどうする？」(How？)
➡日常生活ワンパターン化からはずれ、多くの体験をさせる
➡美しいものに触れさせる機会・体験を増やす
②筋道を立てて話しをする
・ストーリー展開の話し方
【状　況】「はじめはどういう状況なのか？」
➡4W 「いつ（When)」「どこで（Where)」「だれが（Who)」「なにを(What)」
【出来事】「どういう出来事があったか？」
➡1W 時間（When）の流れに沿って
【心　情】「なぜなのか？」／「どのように思ったのか？」
➡1W 「なぜ？（Why)」／1H 「どのように？（How)」
※5W1Hが、【状況】➡【出来事】➡【心情】の流れに配分されているかを確認
・論理展開の話し方
【序　論】➡言いたいことをまとめて先に言う
【本　論】➡もう少し説明する（2〜3つの具体例を出す）
【結　論】➡「今後どうしていきたいか（How)」あるいは「言いたいことのまとめ（ようするに)」を話す

4章

見方を変えれば子どもの才能が見えてくる

21世紀型教育は「勉強を勉強と思わせない」アプローチが重要

現在の教育では全員というわけではありませんが、勉強ができる子であってもじつは好きでやっているわけではありません。もし、「やらなくていい」と言われれば、きっとやらないのではないでしょうか。そもそも勉強をするのは、「やらなければいけないことだから」、あるいは「みんながやるからやるのが当たり前」という感覚なのです。言い換えれば、〝気合い・根性・努力〟でやるか、〝やっつけ仕事〟的にやっているのです。これが従来のいわゆる20世紀型の教育の実態です。

一方の21世紀型の教育では、勉強する動機づけを「やりたいことだから」「知りたいから」「好きだから」に切り替えていくことが重要となります。ようするに、子どもたちが「勉強をしたくなるようにさせてしまう」ということです。

アプローチは無数にありますが、後述する『子ども手帳』の活用などはひとつの事例です。**最大のポイントは、勉強を勉強と思わせないこと**です。これは幼稚園児だろうが、小学生だろうが、中学生だろうが、高校生だろうが同じです。いま取り組んでいるものは、いわゆる従来の勉強ではないんだと思わせるアプローチをしていけば、やる気が起きてくるわけです。極論すれば、もし「ゲームは勉強だ」と定義づけたとしたら、多くの子どもたちがおそらくゲームをやらなくなるはずです。それだけ、これまでの「勉強」という言葉の持つ否定的ニュアンスは強いのです。

20世紀型の教育と21世紀型の教育を比較すると、あきらかに後者のほうが楽しそうに感じると思います。20世紀型は何だか苦しそう……と感じてしまうのではないでしょうか。じつは、20世紀型の教育が目ざしていたゴールも21世紀型が目ざしているゴールも同じです。ただし、そのプロセスが違うのです。

努力やがんばるという行動はもちろん悪いことではありません。しかし、そこに苦しみをともなっているとうまくいかないのです。一般的に努力やがんばるという行為には、言葉の意味として苦しみをともないます。楽しい努力、楽しみをともなったがんばりは成功へ導きます。苦しみをともなった努力もそこそこ伸びはしますが、楽しみをともなった努力はその比ではありません。

勉強が役立つ本当の意味

学問的学びがなぜ必要なのかといえば、社会で必要だから学ぶのです。たとえば、一度社会に出た後に、もう一度学びたいと大学などに戻ってきた人の学びに対する気持ちには、とても強いものがあります。これが本来の学びです。

ところが子どもたちは、社会の仕組みなどなにも知らないなかで、基礎教育という名のもとに、いろいろな学習をやらされます。この学びではつまらないのです。「将来役に立つ」と言われたところで、そんな遠い先の話は子どもの心には響きません。現実味もなく、わからないのですから当然でしょう。しかし、ちょっとした工夫で子どもたちに勉強と社会のつながりを感じさせることは可能です。

コンビニエンスストアに一緒に行って問いかけをしてみましょう。「なぜ、この商品はこの場所に並べてあるのかなぁ?」。これはマーケティングの勉強につながります。「24時間営業だけど、店員さんは何時間働いているのかなぁ?」。これは管理、人事です。「このお菓子、1個売ったらお店にはいくらの儲《もう》けがあると思う?」とか「年間でいくら儲かっていれば、このお店は大丈夫だと思う？」。これは収益性や経理、財務の話になります。すぐ近くに別のコンビニエンスストアがあれば「あのお店より儲けるためには、なにをしたらいいのかなぁ？」。これは経営戦略です。

このようなMBA（経営学修士）で学ぶような細かな学問は、もとのリアルな世界があったうえで構成されたものです。つまり学問が先ではないのです。現実のリアルな世界があって、そこを入口として前述の問いかけのような〝きっかけ〟を作っていくと、学びの意欲がぐんぐんわいてきます。ところが、いまの主要5教科（英語・数学・国語・理科・社会）には、リアルな世界とつながる〝きっかけ〟がありません。ここが問題だと私は考えています。

しかし、これらを学校で実行するのは現状、むずかしいでしょう。それならば、家庭での会話で補填《ほてん》していけばいいのです。先ほど紹介したコンビニエンスストアのほか、子どもが興味を持っている領域でも応用できます。たとえばゲーム。多くの子どもが大好きです。このゲームはどうやって作っているのか、ゲームをひとつ作るのにお金はいくらぐらいかかっているのか……といった具合です。子どもが興味や関心を持つテーマをひとつピックアップして、そのテーマについて掘り下げてみましょう。

すると必ず国語、算数、理科、社会のいずれかに関わり、つながっていきます。算数っぽい話が少し出た、理科っぽい話が少し出たという程度でかまいません。これだけでも、つながっていくものなのです。

ようするに、勉強には世のなか・社会との接点がとても重要なのです。それが勉強する意味につながっていくのです。買い物に行ったときに「お金はいくらある？　お釣《つ》りはいくらかな？」と計算させる基本的なことから、はじめてみてもいいでしょう。

とにかく身近かな世界とリンクさせることが大切です。会話によって子どもの〝勉強する意味〟につながりはじめ、そこに気づくと勉強に対する姿勢も大きく変わってくるはずです。いくら勉強の意味を子どもに話しても、心には届きません。

主要5教科から才能が見えるのはまれ

20世紀型の教育では、たったひとつの偏差値尺度で子どもを評価していました。しかし、２０２０年以降の教育では、偏差値以外の尺度がいくつも出てきます。ですから偏差値一辺倒の視点を、まずは親から変えていくことが必要となってきます。

私は人は生まれたときに3つ以上の才能を与えられていると考えています。しかし、その才能が主要5教科に入っていない可能性はきわめて高いのではないでしょうか。なかには英語や国語、数学が飛びぬけてできるという子がいて、その才能を活かして活躍できるかもしれません。英語であれば同時通訳者や翻訳者、国語であれば作家などの職業に就《つ》くかもしれません。しかし、くり返しになりますが、これらはあくまでもごく少数派です。

一般的社会は、このような特定の教科に特化した才能だけでは成り立ちません。モノ作りに長《た》けている、コミュニケーション能力が高い、思いもよらない斬新なアイデアを生み出す……など、社会で生かせる才能は多種多様です。人間の能力がテストの点数のみでは推し測れないことは、社会に出ればすぐにわかることでしょう。

ですから、親が子どもの才能を主要教科の成績を見て「才能が見当たらない」などと落胆する必要はまったくありません。それよりも子どもが、なにに強い関心を持っているのかを注視することが重要になってくるのです。

子どもの才能はのめり込むものの裏にある

子どもたちは、それぞれにさまざまな才能を持っています。それでも「うちの子はこんな才能がある」と確信できる親はそう多くはないでしょう。なぜなら、才能がすでに露出している子と、まだ露出していない子の2つのケースがあるからです。露出している子は、3歳ぐらいからすでになんらかの形で出てきているはずです。3歳のころからチェンバロを弾きはじめ、5歳で作曲をしたという天才音楽家モーツアルトなどはその典型でしょう。また、アスリートなどの身体的な能力や記憶力が非常にいいなどの才能は、明らかに小さいころから目に見える形で出てきます。つまり、才能が幼少期から露出をしているケースです。

一方の才能がまだ露出していないケースは、才能が深くまだ埋まっています。ですからそれを掘り起こす作業が必要です。すると、少しずつ露出して才能が見えてくるのです。当然のことながら、後者の子どもが一般的です。ほとんどの場合、まだ幼い子の才能はわからないものなのです。

掘っていく作業というのは、簡単にいえば経験です。子どもがさまざまな経験をすることで、彼らの才能が見えるようになっていきます。逆にせっかくの才能も経験をしなければ、深く眠ったままになります。幼少期はいろいろなものに興味を示すものです。まだこの世に生まれて、言ってみれば人間になって間もないわけですから、学習して学ばなくてはなりません。飽きっぽくてもかまいません。逆に飽きっぽくなければ経験は広がらないともいえます。いわゆる興味の向くまま、気の向くままに、つまみ食い状態でいいのです。そうやって子どもは幅広く学んでいきます。

そのなかで、たまたまなにかに遭遇します。いままでの興味、好奇心とは異なり、集中してはまり込み、対象に深く入っていく時期もあります。しかし、これも才能ではありません。たまたま相対的に興味や関心があるから、はまり込んでいるだけです。その証拠にしばらくすると飽きてきます。小さいころにプラモデルにすごく興味を持って1日中作っていた子が、中学生ぐらいになって、まったく興味を示さなくなったというのはよくある話です。

ところが、10歳前後に強くはまり込むものには、その裏に才能が隠れている可能性があります。たとえば、サッカーにのめり込む子がいたとします。その様子を親が見たときに、「将来はJリーガー！」というのは、もちろん尚早です。つまり、才能はサッカーではありません。才能は、サッカーにそれだけのめり込む理由に隠れています。サッカーの裏にあるのです。それが子どものサッカーにひき込まれる理由でもあるわけですから。

「なぜ、この子はサッカーが好きなのか」「サッカーのどこに魅《ひ》かれているのか」という視点を持って少し考えてみましょう。チームワークが好きな場合。チームワークが才能だとしたら、チームワークを重視する職業につながる才能かもしれません。勝ち負けが好きな場合は、白黒はっきりする勝負系になにかの才能を見い出す可能性があります。ボールやユニフォームなど、用いられる物に関心がある場合は、なにかをデザインしたり、ブランディングやファッションといった分野の興味につながっていくでしょう。そのほか、憧れのサッカー選手の影響でのめり込んでいる場合は、その選手のどの部分に憧れているのかを見る必要があります。その選手の発言や言葉に感銘を受けている場合は、言葉ですから哲学的なことに才能があるかもしれません。

子どもが興味や関心を持ち、はまり込んでいるものの裏に隠された才能を見きわめるためには観察が必要です。じっくりと観察していると見えてくるのです。残念なが

マジックワード 「なぜ？（Why ？）」で
脳を動かす

「サッカーが大好き！」 → 将来はJリーガー！
（極一部を除いてサッカー自体が才能ではない）

↓

サッカーが好きな理由を観察して探る

↓

理由によって隠れた才能の芽を見きわめる

▶ **チームワークが好き！**
チームワークを重視する職業につながる才能

▶ **勝ち負けが好き！**
白黒はっきりする勝負系の才能

▶ **サッカー用品が好き！**
デザイン、ブランディング、
ファッション分野の才能

▶ **憧れの選手の影響**
哲学的な面の才能
（選手の発言に感銘を受けている場合）

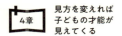

ら、多くの親は深い部分まで観察していないことが多いでしょう。表面的なサッカーしか見ていない親が大部分と言っていいでしょう。「なぜ、この子はサッカーにこれほど魅かれるのだろうか？」と自分自身に問いかけてみてください。子どもへのマジックワード同様、親も自分自身へマジックワードで問いかけるのです。すると少しずつ才能の芽《め》が見えてくるはずです。

ただし、才能とはまったくリンクしないサッカーにのめり込む理由がひとつあるので注意してください。それは「ヒマだからやっているサッカー」です。ほかに遊ぶものがないからただやっているだけ、あるいは勉強しなくていいからやっているだけ……。これが理由であれば、残念ながらサッカーのなかからは才能を見つけることはできません。

中学生からの才能の見きわめのヒント

これらの才能は、小学生以下の子どものほうが見い出しやすいと一般的に言えると思います。なぜなら中学生以上になってくると、子どもたちは学校という枠のなかで、勉強メインの生活を余儀《よぎ》なくされているからです。とくに20世紀型の教育では、子どもたちは、成績を上げる偏差値重視の環境で日々を過ごしています。小学生時代に比べて勉強時間も増え、新しい体験をする機会も減っていくものです。言い換えれば、ワンパターンの生活を強いられているわけです。思春期もはじまり、いつの間にか親と一緒に行動することもなくなります。「しっかり観察してください」と言われても、なかなかむずかしいのが現実でしょう。

中学生以上になると少し見きわめにくくなる子どもの才能ですが、好きな科目をヒントにするのもひとつの方法だと思います。これはテストの点数や成績では見えてきません。どういう内容に興味や関心を示しているかという部分に才能の原型がありま す。ここでは科目ごとに、その才能がどのように隠れているか、その事例をいくつかあげます。あくまでもひとつの可能性の事例ですので、あまり深刻に考えずに、軽い感じでごらんになってみてください。

数学が好きな場合

この場合もやはり「将来は数学者」ということは、まれなケースです。数学が大好きなので理系という可能性はあると思いますが。

重要なのは、「数学のなにが楽しいか」ということです。一般的に数学が好きな子どもの理由には、「仕組みが好き」「答えが明確に出るから好き」「クイズのような謎解きが好き」などがあげられます。

学生時代、私も数学が好きだったのですが、その理由は「仕組みが好き」だったのです。スケジュールなども中学校時代から自分でオリジナル手帳を使って管理していました。最近気づいたことですが、中学生時代の私は勉強が好きではなかったのです。振り返って考えてみると、仕組みを作り（スケジュールを作り）、その仕組みどおりに物事（勉強）を進行できる自分ってスゴイ！　と思っていたようです。そのような経緯もあり、私はいまだに仕組み作りが好きなのです。経営も仕組み、教育も仕組みが必要です。そのような部分で能力が発揮されているのだと思います。

『子ども手帳』も開発したのも、私の「仕組み」好きが功を奏した結果だったのです。数学が好きの背景には、仕組み好きがあったことをいまになって痛感します。

また、「答えが明確に出るから好き」というタイプは、白黒はっきりしたい、あるいは勝負ごとが好きで、緻密な数字作業や分析などが向いています。起業などもいいかもしれません。

「クイズのような謎解きが好き」というタイプは、なにかをゼロから創り出すより、与えられた素材をパズルのように組み合わせたり、問題を解決するために必要なものを探り、解決へ導く問題解決能力があるでしょう。

国語が好きな場合

国語には、大きく小説と論説の2つのパターンに分かれます。これはアメリカ人と日本人ぐらいに異なるものです。この2つは構成自体もねらいも違います。

国語のなかでも小説好きの子は、ストーリー展開のなかで登場人物の心情変化にのめり込んでいる場合があります。そのような性向がある子は、人間の心の動きに興味がある可能性が高いです。心理系、コミュニケーション系、人と関わる能力を発揮できるでしょう。人間関係に関する分野の仕事に向いているかもしれません。

一方の論説が好きな場合は、考えることが好きなタイプです。つまり、「なぜだろう？」とつねに考えています。探求型です。こういうタイプはたとえばリサーチャーに向いていています。「なぜ？」と思うということは、当然、解明するための行動も能動的に起こしていきます。

また考える力を手にいれれば、それ以上に広い範囲で才能を発揮できます。なぜなら考える力とは万能能力でもあるからです。どのような領域に進んでも、成功するために必要な基盤です。ビジネスにおいても考える能力があれば、問題解決ができてしまいます。ですから、すべての基盤と言えるのが国語力でもあります。

英語が好きな場合

一般に女の子のほうが英語好きな傾向があるようです。英語が好きな子どもは、未知との遭遇、つまり自分の知らない世界を体験することに興味・関心があるケースが多いようです。自分の知らない文化、世界に好奇心があるのです。英語圏だけでなく海外の国すべてにおいて興味があります。近年、留学する女子が多いのもうなずけます。英語ができる、好きだという子どもには、積極的に冒険することを応援してあげてほしいと思います。留学したいという希望があれば、それを前向きに考えてあげてもいいでしょう。

また留学だけではなく、その子の知らない未知なる文化や世界を、日本国内でも経験させるのもいいでしょう。ワンパターンな生活ではなく、いろいろな経験をさせると、そこから自分のやりたいことに出合う可能性が高まります。

理科が好きな場合

理科が好きな子は、一般的に好奇心が旺盛です。変化するものや、自分がいつも見ているものと違う世界に対して探求したくなる傾向にあります。この探求心が才能だと考えられるでしょう。

私の息子のケースで言えば、小学校低学年のころから爬虫類《はちゅうるい》が好きでした。関連の図鑑を10冊は持っています。それでも「また買いたい」と言ってくるのです。理由を聞くと、「いままでの図鑑に出ていないものが、その図鑑には出ている」と学者のようなことを言いはじめました。また、爬虫類でトカゲの一種であるカナヘビを実際に山に捕まえに行き、家で飼育し、卵をかえしていました。そんな子どもを見ても「この子は爬虫類博士になるのでは？」と単純には考えてはいけません。もちろんそういうケースもあるかもしれませんが、あったとしても、まれなケースです。事実その後、爬虫類から動物系に興味が広がり、生態系全体へ、そして環境問題に興味が出てきました。このように単純に生物が好きという興味関心を表面的内容で見るのではなく、その理由を見ると、「どうしてそうなるのか」という探求心が背景にあることがわかります。

社会が好きな場合

社会は知識の宝庫です。しかも分野は多岐《たき》にわたり、その背景にある才能も多岐にわたります。ですから、〇〇の才能があるとは言いにくいものがありますが、「地理」「歴史」「公民」について簡単に才能の可能性について触れておきましょう。

たとえば、「地理」が好きな子は旅行が好きなケースが多いようです（というより旅行が好きな子は地理に興味があるのが実態ですが）。あちこち移動して、世界や文化の違いやそのものに興味を持った場合などは、グローバルな世界で活動する才能があったりします。さまざまな国籍、人種、あるいは価値観を持つ多様な人々が集まる世界で生きていくことを楽しめる才能があるとも言えます。

次に「歴史」の場合、さまざまなとらえ方がありますが、哲学者タイプ、経営者タイプが多いように思います。どうやったらうまくいくのか、どうやったら失敗するのか。人の生きざまもそうですし、どうやったら人々を治めることができるのか、どうやったら戦いに勝つことができるのか……。

本当に歴史が好きで、教科書以外の歴史書をたくさん読んでいるような子どもはその才能があると思います。文献を探して読み込むというのは、経営、人文系の学者などのタイプでしょう。

「公民」の場合は、いわゆる政治、経済ですから、端的に言えばビジネスにつながる才能が隠れている場合もあります。私は、公民分野で特に経済分野が大好きな生徒には、「高校生で会社を作ればいい」と提案しています。いまの時代はユーチューブに動画をアップして、それを事業化することだって簡単にできます。成人年齢を20歳から18歳に引き下げる民法改正案が2018年に閣議決定され、政府は2022年4月1日の施行を目ざしています。高校3年生も成人となるわけですから、起業すること、高校生がビジネスをはじめることは特別なことではなくなるかもしれません。これによって世のなかが大きく変わる可能性が高いと私は思っています。

またビジネスに携わることで、子どもは率先して勉強に取り組み、大学進学への意味も出てくるでしょう。専門的な学部で学びたい、あるいは人脈、ネットワークづくりと、大学に行く理由も具体的になるはずです。

勉強に対するマインドの大切さ

21世紀型の教育は、子どもの〝好き〟を大切に、興味・関心のあるものや、好きな教科から才能の種を見つけて引き出すこと。そして、楽しく能動的な学びに導くことを目ざしています。とはいえ、現状では、「勉強は嫌い」あるいは「好きじゃない」という子どもが大半を占めています。

それでは、どうして子どもたちは勉強を好きになれないのか——。

その大きな理由のひとつが子どもの〝マインド〟に配慮した教育がなされていないことだと思うのです。前項で述べた子どもたちの才能の芽を観察し、伸ばす家庭教育も学校での21世紀型教育も、彼らのマインドを無視したままでは効果は薄いでしょう。

これまで多くの子どもたちを指導してきたなかで、勉強ができない（嫌いな）子に共通点があることに気づきました。そのひとつが「勉強に対する心（マインド）がマイナス状態」であることです。マインドがマイナスのまま、いわゆる努力と根性で勉強を続けたところで頭に入ってこないことは、私からすれば当然のことと言えます。

また、勉強ができる子は、自分に自信を持っていますが、そうでない子どもたちは、勉強で自信を喪失し、自己肯定感を低下させ、存在価値にまで影響を与えることすらあります。その結果、口からはマイナスな言葉を連発したり、失敗や間違いに対して非常に警戒するようになっていきます。こういう状態で成績が上がるはずもなく、さらに自信を喪失して……という負のサイクルが続いてしまうのです。

そこで、ここでは子どものマインドを変えるための「日常で使う言葉をプラスに変える」「失敗や間違いを量産させる」というふたつの方法を紹介していきましょう。

日常で使う言葉をプラスに変える

生徒を指導していて気づくのは、成績の悪い子ほどマイナスの言葉を使うということです。日常会話のなかで「自分は勉強ができないから」「バカだから」「勉強は嫌い！」「うざい」「むかつく」……といった言葉が多いのです。

こういった発言をする子どもは、マイナスの言葉が長年の口癖《くちぐせ》になっているため、いくら親や教師が「そんなこと言わずにやればできるよ！」「がんばれ！」などの精神論的な励《はげ》ましの言葉をかけても意味がありません。そして、なにより危険なのが、「くり返された言葉はそのとおりに実現される」という法則（くり返しの法則）です。そういう子どもは一生懸命勉強に取り組んでも、学力が身につくことがないのです。

とくに勉強に対する劣等感を強く持つ子どもは、自分自身のマイナスの言葉で自分を追い込んでいくことがあります。一般的に人はマイナスのことはすぐに受け入れますが、プラスのことはなかなか信用しない傾向があります。このためその状態を好転させるには時間が必要となります。

これは親からの言葉も同じです。かりに親が「うちの子は勉強ができない」と言葉にはしなくても心のなかで決めつけていたとします。すると、その決めつけている内容に沿ったマイナスの言葉を無意識のうちに子どもにかけ続けてしまうことがあるのです。そのマイナスの言葉はくり返されることによって、より強力な暗示となり、子どもの行動や振る舞いにまで大きく影響を与えてしまうのです。

とくに、子どもが日常的に使う言葉の種類は、親が使っている言葉の種類と非常によく似ています。「私は勉強ができないから」と言っているA子さんの親は、家庭内で「A子は勉強ができないから」と言っているのです。「頭が悪い」「鈍い」「バカ」などの否定的な言葉も同様です。親はなに気なく使っているのでしょうが、子どもの心につき刺さっていることに気づかないのでしょう。

まずは親からプラス（肯定的）の言葉を使うように心がけ、子どもがプラスの言葉を自然に使うようになる見本を見せてあげてください。少し意識して使うだけでも大きな変化があります。なにより発している本人の行動が変わってくるはずです。なぜなら、自分の発するポジティブな言葉は、本人の耳に入っているからです。

私は指導的立場にある人には、**「人の心や体を傷つけたり、人の道に反したりした場合は、徹底的に叱《しか》らなければなりません。しかし、日ごろは、人を元気にさせる言葉、勇気を与える言葉をかける癖をつけるようにしましょう。希望があるかないかで、人は変わります」**とお話しています。これは家庭教育のなかでもぜひ参考にしていただきたいと思います。

失敗や間違いを量産させる

「失敗や間違い＝成長」であること、つまり失敗や間違いが多いと成長が加速していくことはよく知られている話です。

しかし、子どもたちの多くが、間違えることを恐れています。想像するに、それまでの成長過程で「失敗はするな、間違えるな、失敗や間違いは悪いことである」と暗黙のうちに刷《す》り込まれてしまったのです。

一般的に失敗や間違いをしてしまった子どもは、怒られるか、自己嫌悪におちいり、最終的に落ち込んで終わってしまいます。ところが、成長する人は、「なぜ失敗したのか」「なぜ間違えたのか」とその理由を探り、それを正せば自分が成長できることを知っているのです。そこに失敗や間違いに対してマイナスのイメージはありません。

たとえば、定期テストや自宅学習で間違えてしまった問題というものは、自分ができなかったことを思い出すことになるので見たくない、と思ってしまうものです。これは当然でしょう。しかし、そこに至るまでのプロセスはできない問題がたくさんあったほうがいいのです（もちろん、最終的な入試などでは高点数をとったほうがいいのですが）。**「間違った問題の数＝学びの数」**です。その数だけ成長できるわけですから、言い換えれば間違いの数が多いほど成長率は高いとも言えるのです。

ところが、×は悪いこと、ダメなことという刷り込みを親からも学校からも長年されてきたために、見たくない、ひいては放棄するという悪循環におちいるのです。

これは子どものマインドにとって非常に重要なポイントです。間違い、失敗というものは、いわばお宝であることを子どもたちに十分に説明し理解させることが必要なのです。これを子どもに伝えない限り、間違いや失敗を恐れてしまいます。そして「自分はダメだ」「勉強はできないんだ」とマイナスのマインドへと引き寄せられ、自己肯定感を持てない子どもになってしまいます。

ですから、子どもが間違ってしまったときには、子どもに「よかったね！　いま、間違えておいて！」と、どうか言ってあげてください。一度や二度、言うだけでは意味がありません。**「失敗、間違いはお宝」**と刷り込むためにも何度も言ってあげることが重要です。すると子どもたちは、徐々に安心して試験にのぞめるようになっていきます。

「間違っていいんだ！」と思えれば、子どももむだな緊張から解放されてリラックスして試験に取り組めます。そして、「なんだ、最終的にできればいいんだ」と考え、学びの正しいプロセスの理解につながっていくのです。

テストに緊張する、あがってしまうという子どももいます。なぜ緊張するのかを考えてみましょう。答えは簡単で、不安がよぎるから緊張するのです。なにに対する不安かといえば、失敗に対する不安です。ピアノの発表会などで緊張するのと同じです。つまり失敗を予想しているのです。失敗を予想すると、その失敗に執着し、失敗を招くわけです。日々の勉強のプロセスのなかにおいても、その不安を抱えたまま本番を迎えるから、その不安が実現するのです。

反対に不安がない子どもは、テスト前に「今回、何点とれるかなぁ……」と楽しみにしているのです。これは日々、自分が安心できる「まぁ、まぁ、いけてるな」といった感覚を持てるかにかかってくると思います。

ただ、そうは言っても、なかなかそういう心境には至らないのが一般的でしょう。しかし、その心境に至れる人間は、１００％と言っていいほど、間違いを日々、肯定的にとらえているのです。間違えたときも「え、なんでこれ違うの？」「あ、そうか！

「間違い」に対するマインドの違い

できる子の場合	できない子の場合

テスト前のマインド

テストを受けるのが楽しみ!

今回、何点
とれるかなぁ!?

不安と緊張でいっぱい!

大丈夫かなぁ……
間違えたら
どうしよう!!

「間違い」「×」があったとき

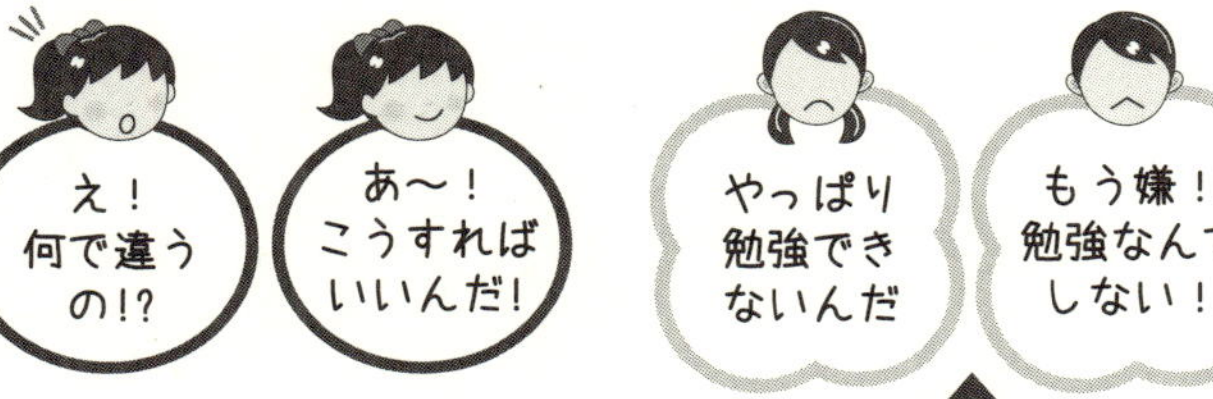

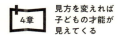

プラスのマインド

え!
何で違う
の!?

あ〜!
こうすれば
いいんだ!

マイナスのマインド

やっぱり
勉強でき
ないんだ

もう嫌!
勉強なんて
しない!

POINT

**間違いはたくさんしていい!
という刷り込みの言葉を毎回かける**

「よかったね! いま、間違えておいて!」
「失敗、間違いはお宝だよ!」
「いま間違ったって、最終的にできればいいんだよ!」

こうか！」などと言っています。これができる子の典型です。

一方のできない子は、間違いに気づくと「また間違えちゃった……、もうやる気ない！」「また×、もういい！」となってしまいます。なかには「わからないところがわからない」子どももいるでしょう。この違いはのちのち、非常に大きなものとなるのはおわかりになると思います。

日常では、間違ってもいい、失敗してもいい、ただ直せばいいだけの話なのです。それが成長です。これを日々続けていけば、最終的にはよい結果につながっていきます。ですから、間違い、失敗をしたときに、落ち込み、自己否定し、心がなえてしまってはいけません。結果がよくなかったテストを持って帰ってきたときの親の対応は大切です。「日々の失敗や間違いはしてもいい」というマインドの育成は家庭のなかでしっかりはぐくんであげてください。

4章 まとめ 見方を変えれば子どもの才能が見えてくる

子どもの才能は好きなもの、興味をひくものの奥にある

・21世紀型教育は「勉強を勉強と思わせない」アプローチが重要
・主要5教科から才能が見えるのはまれ
・中学生からの才能は好きな5教科からも見きわめられる

マイナスのマインドが子どもの成長を妨げる

・マイナスのマインドの子は20世紀型教育も21世紀型教育も効果は薄い
・マインドがマイナスのまま勉強を続けても成長はむずかしい
・マイナスの言葉を日常的に使うと「くり返しの法則」が起こる
「くり返しの法則」＝くり返された言葉はそのとおりに実行される
・親の子どもへのマイナスのマインドは言葉にしなくても敏感に感じ取る
「うちの子は勉強ができない」と思ってしまうと、親の態度や表情で、子どもは気持ちを感じ取る
・親も子どもも意識してプラスの言葉を使う
「勉強ができない」「ダメだ」「頭が悪い」「無理」「やってもムダ」……等はNGワード！

「間違い」や「×」のとらえ方を変えることからスタート

・「間違った問題の数＝学びの数」。失敗や間違いはどんどんさせる
普段の勉強での間違いをしてこそ、子どもは成長する
・「失敗、間違いはお宝」と子どもの頭に刷り込む
一度や二度ではダメ。何度も何度もくり返し伝えることで刷り込まれる
・テストを持って帰ってきたときの親の対応は非常に重要
「日々の失敗や間違いはしてもいい」というマインドの育成は家庭で行う

5章

勉強のやり方を知れば自己肯定感が生まれる

なぜか教えてもらわない勉強方法

「うちの子、勉強しないんですけど、どうしたらいいでしょうか」。

これは、私がこれまで受けてきた質問でいちばん多いものです。ママカフェでも講演会でも、指導する生徒の保護者との面談でも変わりません。もちろん、相談される内容の背景は皆さんそれぞれ異なっていますが、相談の趣旨は結局すべて、「うちの子、勉強しないんです」なのです。

勉強をやらない理由は、単純にやりたくないということにプラスして、そもそもやり方を知らないことにあるのはご存知でしょうか。

わからないままやるから成果が出ないのは当たり前です。成果が出ないからもっと嫌になる。あるいは成果が出るまでに時間がかかる。このような理由で成果が出るまで我慢できずにやめてしまうということもあるでしょう。しかし、正しい方法でやれば成果は出るものなのです。

子どもからすると「おぼえ方を教えてもらえないのにおぼえろという」「テスト勉

強のやり方を教えないのにテストをするという」「どうして教えてくれないの？」という不満と不安な状態なのです。私からすれば、やはり、やり方を教えないのに、ただただ、「おぼえろ」「テスト勉強をやってこい」というのはあまりにも無責任ではないかと思うのです。

考えてみてください。「勉強しろ」と子どもに言ったお母さん、お父さんは、勉強の具体的な方法は教えたのでしょうか。やり方を知らないのにもかかわらず、それでもとにかく「勉強しろ！」というのはまさに「気合、根性、努力があればできるはず！」と言っているのと同じでしょう。それはつまり、20世紀型教育の典型なのです。

「まずはわからないだろうから、やり方を教えるね」というところからすべてはスタートしなければいけません。もちろん、それをやるか、やらないかは子ども次第です。ですが、そもそも教えていないのでは話になりません。

「勉強の方法は学校が教えてくれるものではないの？」と考える人もいるでしょう。しかし、残念ながら、学校では基本的に教えていないのが実情です。なぜならば学習指導要領に書いていないからです。もちろん、やり方を教えてくれるすばらしい指導者の方も世のなかにはたくさんいます。そのような先生に当たればラッキーですが、少なくとも私自身教えてもらった記憶はありませんし、さらに私が指導してきた子どもたちに聞くと、これまで勉強の方法を教えてもらったことがないという子ばかりでした。

本の読み方を知らない、感想文の書き方を知らない、宿題のやり方を知らない。それらを教えてもらっていない状況にあるなら、勉強をやらない子どもだけに問題があるとは言えないのではないでしょうか。

じつは、勉強法含め、これらのやり方はすべて存在します。もちろん教えてもらえたというケースもありますが、それには親が教えたケース、子どもが直観的にわかったケース、兄弟姉妹がいて兄、姉から聞いたケース、そのほか塾などでやり方を教えてくれた先生（第三者）がたまたまいたケースなどがあります。いずれにしても、なにかきっかけがたまたまあってつかむものなのです。

このことを私はよく「水泳」を例にあげて説明しています。小学校から中学校、高校と水泳の授業があります。それなのに泳げない子はずっと泳ぐことができないのです。これもおかしな話です。泳げる子は、学校ではなくスイミングスクールで習い、泳げるようになるのが大部分といいます。しかもそこでは1週間の合宿などで簡単に泳げるようになるのです。なぜ、何年も学校に水泳の授業があるのに泳げるようにならないのか、と言えば簡単です。そう、泳ぎ方を教えていないからです。もちろん「全員泳げるようにする」という目標を掲げて指導している学校などの例外もあるでしょうが、とくに公立ではほとんど聞いたことはありません。これは大いなる疑問です。

ようするに学校では各科目の知識は教えるけれども、おぼえ方、テスト勉強の仕方などの具体的な方法を教えていないのです。

やり方がわかれば子どもはぐんぐん伸びていく

「勉強しなさい！」と子どもに言ったことがない親は少数派だと思います。しかし、前項で述べたように、そもそも親は勉強の仕方を教えたのかをもう一度考えてみてください。学校や塾で「来週テストをやるよ」「おぼえてきなさい」というフレーズを聞いたことがある親は大勢いることでしょう。しかし、テストの対策法やおぼえ方を教わったことがあるでしょうか。何百人も集まった私の講演会やママカフェでもよく聞くのですが、ほぼ全員が首を横に振ります。私自身もありません。それなのに、「勉強しろ」「おぼえなさい」と子どもに言うのはおかしくないか、ということに気づいてほしいのです。

「見て学ぶ」ということも言われますが、これは武道の世界や、匠《たくみ》の世界などで存在することです。しかも、これらの世界というのは「学びたい」と思っている人が集まっています。師匠から学びたいと思っているから、観察する力があるわけです。逆に師匠が教えてしまうと受け身になってしまうため、教えないほうが効果的なケースもあるほどです。それにくらべて子どもたちは「勉強がやりたい」と学校に集まっているわけではないのです。ですから、武道や匠の世界の話は通用しません。極端に言ってしまえば、真逆の世界であるということを知ってほしいと思います。

その証拠に、子どもは方法を教えると、やるものなのです。そしてぐんぐん伸びていきます。これは小学生のみならず中学生・高校生であっても同様です。

自信を喪失する子どもの自己肯定感を高めてマインドをプラスに！

いまの20世紀型教育において必要なことは、おぼえ方です。おぼえない限りは点数がどうしてもとれません。もちろんおぼえることよりも大切なことはたくさんあって、物事の考え方などのほうが本当はもっと重要なことです。そうなのですが、テストの点がとれない子は自信を喪失してしまっているのです。できるようにするてっとり早い方法は、おぼえ方を教えることです。その方法を知るだけで、驚くほどできるようになっていくのです。

ここで言っておきたいのは「おぼえる教育」というものに私は主眼を置いているわけではありません。しかし、2020年以降の教育でも、20世紀型の教育が完全になくなることはありませんし、必要不可欠な要素も含まれています。「おぼえる」という授業は学校教育のなかでも、しばらくは重要な位置を占めることになるでしょう。ですから、今後も「おぼえられない」「テストの点がとれない」ことによって、「自分は勉強ができないんだ」「ダメなんだ」と自信を喪失する子どもたちが出てくるのは間違いありません。そんな子どもたちを、短期的に引き上げるためのやり方であるということです。

もちろん「おぼえ方」を知ったことで本質的な力、考える力などがついていくわけでは決してありません。それでも、子どもたちが自信喪失をしている段階で、解決策を知ることによって、「あ、できるかもしれない！」とマインドがプラスになる、その段階まで引き上げるためのファーストステップの手段といえます。

子どもたちのマインドがマイナスのままでは、本来持っているはずの能力も才能も、その芽さえ出せずに終わってしまいます。子どものマインド、心を大切にする教育という意味でも、おぼえ方、勉強のやり方はぜひ家庭で教えてあげてほしいと思います。

くり返しできるまで自分でテストをすることを「おぼえる」という

勉強の仕方にはさまざまな方法があります。ここでは、基本的なものを2つ紹介します。

まず**「おぼえる」とはなにかというと、「くり返しできるまで自分でテストをすること」**をおぼえるのです。

私が指導した生徒に「おぼえてきた？」と尋ねたとき、「おぼえました」と答えるので、「なにをやったの？」と聞くと、「見ました」「読みました」などと答えるケースがままあります。あるいは「問題を解きました」という子には「何回解いた？」と聞くと、「1回」と。これではおぼえたとは言いません。しかし、同じような子どもたちが毎年、存在するのが現実です。

また、よく耳にする「書いておぼえる」というのは、100%間違っているとは言いませんが、とても非効率な方法です。はじめから書くということをしなくてもいいのです。くり返し自分でテストを行い、そのプロセスのなかで自然におぼえていくのが正しい方法なのです。それでもどうしてもできないものがあれば、それは最後に書いておぼえるのです。最初から書いていく方法は時間の無駄使いと言えるでしょう。

また、できるまでというと切りがなさそうに感じてしまいますので、一般的には3回はくり返すといいでしょうと言っています。3回やっても間違えてしまったものは、書いておぼえ、試験の直前ギリギリにそれをもう1回見ておき、最後の総仕上げをするというのが大まかな流れです。これをやるかやらないか、それだけのことです。きわめて単純なことなのですが、それを教えていないため、テストで結果が出ないのです。

さらにもう少し具体的な方法を紹介しておきます。

漢字の覚え方のステップ

STEP 1 「漢字で書いてあることを読む」テストをする

Q 次の漢字の読みがなを書きましょう

1. 操作　2. 重宝　3. 拝観料　4. 類推　5. 可否
6. 立派　7. 結論　8. 特派員　9. 警察　10. 臨場感

STEP 2 ステップ1のテストを約90%読めるまでくり返す

STEP 3 約90%読めたら、「ひらがなを見て漢字を書く」テストをする

Q 次のひらがなの漢字を書きましょう

1. そうさ　2. ちょうほう　3. はいかんりょう
4. るいすい　5. かひ　6. りっぱ　7. けつろん
8. とくはいん　9. けいさつ　10. りんじょうかん

STEP 4 ステップ3のテストを3回くり返し、書けなかった漢字を3回書く

STEP 5 学校のテスト直前にステップ4で書けなかった漢字を3回書く

漢字や英単語のおぼえ方を知るとすべてのおぼえ方に応用できる

漢字と英単語のおぼえ方は同じです。ここでは漢字を例に説明しましょう。

漢字のテストは「漢字で書かれていることが読む」というのと、「ひらがなで書かれていることを漢字で書く」という2つの問題があります。

最初に「漢字で書いてあることを読む」というテストを自分で行います。なぜなら、こちらのほうが簡単だからです。これをくり返しやっていると、何度も漢字の形の映像を目で見ることになります。すると、そのうちに映像が頭のなかに入ってきます。

この「漢字で書いてあることを読む」テストで90％程度読めるようになった段階で、続いては「ひらがなを見て漢字を書く」の1回目のテストを行います。すると、約半分程度の漢字は書けるようになっているはずです。2回目のテストをすると、またその半分は書けるようになります。3回目でまた半分書けるようになります。

そして3回のテストで、どうしても書けなかった漢字のみ、さらに3回ほど書いて終了です。実際に学校などで行われるテストの直前には、最後まで書けなかった漢字をもう一度3回書いておぼえます。3回以上書いてもよいですが、たいして効果は変わりません。

ここで大切なのは、「読み」から入って、「書き」は後という順番です。英単語の場合も、「英単語を見て日本語で言えるか」のテストを行い、これが90％できた段階で、次に「日本語を見て英語を書けるか」をテストします。この順番を間違えてはいけません。おぼえられない人は、最初から漢字や英単語を書いておぼえようとする傾向が強いようです。もちろん書いてもおぼえることはできますが、かなり非効率なやり方なのです。そのような非効率なやり方をしていると、時間をかけたわりには成果が出ないということになり、やる気はどんどん低下していきます。

問題集を使った勉強の進め方

ここでは数学を例に紹介します。

数学の問題集を自分でくり返し解いていきます。1回目はできる問題とできない問題の**仕分け作業**です。

問題集の進め方

STEP 1
問題集を解く（1回目）
1回目は「解けた問題」と「解けない問題」の仕分け作業
「解けた問題」を取り除く

STEP 2
問題集を解く（2回目）
ステップ1で「解けなかった問題」を解く

STEP 3
ステップ2で「解けた問題」を取り除く

STEP 4
問題集を解く（最低3回）
ステップ2で「解けなかった問題」を解く……

3回解いてできなかった問題がテスト に出る問題

※数学など「わからない」問題は必ず学校や塾の先生に質問をすること!

かりに1回目の演習で2割しかできないとします。8割間違っていることになりますので、「ああ……全然できない……」「ほとんどわかってないんだ……」とやる気をなくす子も多いでしょう。ですから、ここで大切になるのが考え方です。1回目は仕分け作業なので、「できる問題を取り除こう！」と考えるのです。「2割取り除けたらよかったじゃないか！」と思えるかどうかが大切になります。ちょっとした違いなのですが、子どもの心は大きく変わるはずです。

2回目も同様に、1回目の演習でできなかった8割のなかから、できる問題を取り除きます。これを3回、くり返していくと、少しずつできない問題が減っていきます。そして**3回解いても解けない問題がテストに出る問題**なのです。この方法を取り入れるだけで、子どもたちは勉強に前向きに取り組むことができるようになります。

とはいえ模範解答や答えを見てもわからない問題というのが当然出てきます。これについては子どもにくわしく聞くしかありません。「わからない」が出てくるのは数学の特徴でもあります。他の科目については「わからない」というものは多くなく、基本的に答えを見ればわかってしまうものがほとんどです。

そこで、数学における解答のできない問題は解決させなければなりません。これは

「失敗・間違いを量産させる」の項でもお伝えしましたが、できない問題があることをプラスにとらえるマインドを持っているかどうかがポイントです。つまりテスト勉強をする段階では、できない問題が見つかったことは良いことで、これを解決できることがさらに良いことなのだ、というマインドです。これを子どもの心に刷り込むのです。

すると、子どもたちは、できなかった問題を解決させようと努力するようになります。できないことが悪いことだとインプットされてしまった子どもは、「また間違えた！」「ああ、ダメだ……」などと、当然逃げようとします。その結果、勉強を放棄してしまうことすらあるのです。

このようなできる問題とできない問題を仕分ける方法は、すべての教科の問題集で応用できます。1回目はできないものなのです。2割しか正解できなくても、2割しかできていないのではなく、**2割も削除できる**のです。この感覚、このプラスのマインドが非常に大切です。これは、できる子とできない子で大きく違う点でもあります。このエッセンスを勉強に取り入れると、子どもはすぐに変わりはじめます。

理科や社会の問題集のポイントとしては、いかに間違った問題を集中的に攻撃するかが重要です。

また、解けない場合は、付箋《ふせん》を活用する方法もおすすめです。付箋を子どもに渡しておいて、わからないところ、間違えた問題に付箋をつけていくのです。そして、この付箋のビラビラがなくなったら完璧《かんぺき》！　というわけです。ちょっとした仕掛けですが、勉強に楽しいマインドをプラスすることは、子どもにとって大きなポイントです。「わからないところ、間違えた問題にはどんどん貼っていこう！」と声をかけてあげましょう。そして、「わからなければ学校や塾の先生にどんどん聞いたらいいんだよ！」と背中を押してください。

『子ども手帳』は自主的に勉強しない子にも効果を発揮

勉強ができない、テストの点がとれないことで自信を喪失している子どもは、具体的な「おぼえ方」「勉強のやり方」を知らない、ということです。これに加えてもうひとつ大きな理由があります。それが、勉強そのものに対するマイナスのマインドです。勉強のやり方を知れば、成績が上がり自己肯定感も高まるのは間違いありませんが、その前段階として勉強に対するマイナスのマインドを払拭《ふっしょく》しなければなりません。なぜなら、多くの家庭で悩む「勉強しない子」を「自主的に勉強する子」へと導く必要があるのです。

そこで、おすすめしたいのが『子ども手帳』です。手帳そのものは文房具屋さんなどで市販されている手帳を使ってもOKですが、私が開発した『子ども手帳』（ディスカヴァー・トゥエンティワン）を使っていただくと、さまざまな子どものやる気を引き出す仕掛けをフルスペックで盛り込んでいます。そこにやるべきこと（勉強やお手伝い、宿題、お稽古事《けいこごと》、塾など）を書き込み、やり終えたら赤ペンで消すだけのシンプルなものです。

とくに小学生の親のいちばん大きな関心事は、学習習慣をどうやってつけるかということです。講演会、ママカフェでも、学習習慣についての悩みを抱えた方が驚くほど多いのです。しかし、この悩みは、この『子ども手帳』で、ほぼ習慣化されるため、多くの場合は解決するでしょう。

一般的に幼稚園から高校生まで生徒手帳は別として、自分の手帳は持ちません。なぜなら、手帳を持つほどの予定がないか、時間割は家庭か学校などに決められているためです。加えて、日々の行動パターンはある程度決まっていて、大学生や社会人のようにルーティンワーク以外の予定が入ることは滅多《めった》にないものです。

ところが、子どもの行動を観察していると、やるべきことが決まっているにもかかわらず、きちんとこなしている子どもはほとんどいないのです。多くの場合、親から「勉強しなさい！」「宿題は終わったの！」と叱責されて、ようやく重い腰を上げるのが日常的な光景です。子どもにとって「勉強」という面倒で、魅力的でもない〝作業〟に心が向かないのは、大人でも理解できる人も多いはずです。

そこで子どものマインドを勉強に向かわせるためのいわば〝仕掛け〟として『子ども手帳』を活用します。信じられないかもしれませんが、これだけで、それまで勉強をしなかった子どもが、自分から勉強をするようになってしまうのです。

また、子どもはいつなにをやったらいいのか、これについても非常に不明確です。そもそも、「今日なにをやるの？」「明日なにやるの？」これがわかっているようでわかっていません。ですから『子ども手帳』にスケジュールを書き込み、達成したら消し込み作業をすることで、モチベーションもわくし、進捗《しんちょく》もわかるようになっていきます。

自分がいま（今日、今週）、なにをやらなくてはいけないのかを把握していない子どもは、なにから手をつけていいのかわからないため、勉強を放棄している子もいます。ですから、頭のなかを整理して、やるべきことを順番にこなしていく練習をし、習慣化するだけでも大きな成長につながります（子ども手帳の詳細については『勉強しない子には「一冊の手帳」を与えよう！』〈ディスカヴァー・トゥエンティワン〉を参照ください）。

モチベーションアップにはポイント制が効果的

さらにモチベーションを引き出すために、ポイント化する方法もあります。つまり、ひとつの行動が終わったら、それが1ポイントに換算されて累積して貯まっていく〝仕掛け〟です。『子ども手帳』でのポイントは原則的に行動（やるべきこと）がひとつ終われればポイントが入るようにします。このプロセスに注目するのです。『子ども手帳』は、毎日歯を磨くことが当たり前であるように、勉強も〝習慣化〟させて当たり前の行動にさせることが目的です。毎日の予定をこなすことで即ポイントにつながるという形にすれば、モチベーションは必ずアップします。そして習慣化された勉強は必ず結果を生み出します。さらに勉強ができないことで自信を喪失し、自己肯定感を持てなかった子どものマインドにも変化が起こります。

ポイント制については、「ポイントのために勉強するようになっては困る」と心配する人もいますが、これまでそのような報告は受けていませんので、安心してください。幼稚園によっては、登園するたびにシールやハンコがもらえるところがあります。はじめはシールやハンコをもらいたくて幼稚園に行く子もいたかもしれません。しかし、毎日通園しているうちに習慣化されて、シールやハンコに関係なく通園するのが当然に思えてくるものです。『子ども手帳』のポイント制もこれと同じと考えてください。やがて習慣化されることで「ポイントのため」から「できる自分がうれしい」に変わるからなのです。

もちろん、それでも「ポイント制」について肯定できないという場合は、ポイント制は取り入れなくても問題ありません。

『子ども手帳』の4つのステップとポイント

『子ども手帳』は、以下の4ステップで完了です。「ポイント制」を取り入れない場

『子ども手帳』の例

サポーターをつけた
ギプスをつけた
・すでに勉強したことを
もう一度勉強する…ふくしゅう
・まだ勉強してないことを
勉強する…よしゅう
11／2
11／3
11／4
・音読
・パパのプレゼントを買いに行く。
てちょうに書いてあることだけが、やることではないです。
お休みの日に出かけるとき、何をしなきゃいけないか、
何を準備しなきゃいけないか、自分で考えてみよう。
やることリストを変えました。

合はステップ1からステップ3までとなります。

ステップ1　子どもと文房具屋さんへ行き、子ども手帳を購入する
ステップ2　予定を子ども自身に書き込ませる（最低でも1週間分）
ステップ3　毎日、終わった予定は赤で消し、できなかったものは消さない
ステップ4　毎週末、消し込んだ分だけポイントを精算する

予定は子ども自身が書き込みます。1か月分でも2週間分でもかまいませんが、翌週の予定はいつでもわかるように、最低でも1週間は書き込ませましょう。サイクルとしては、毎週日曜日に最低翌週分を書き込むスタイルがおすすめです。

あまり予定をつめ込みすぎるとやりきれなくなるため、できる範囲の予定を親が上手にリードしてあげましょう。

また、日曜日は予定をできるだけ入れないのもポイントです。予定していた日にできなかったものは、その週にリカバリーできればOKですので、日曜日はいわば予備日と想定しておくと、無理なく予定をこなしていけるでしょう。

できたものを消し込む場合のペンの色は自由ですが、赤ペンが効果的なようです（理由ははっきりしませんが、これまでの調査ではそのような結果が出ています）。もちろん、あくまでも子ども主体なので「黄色がいい！」「青で消す！」と主張するなら、好きなようにさせてあげてください。

注意してほしいのが、親ができなかった項目を見て、「こんなこともできないの？」「だめじゃない！」というマイナスの言葉は絶対に口にしないことです。『子ども手帳』は親の管理ツールではないのです。まだ学習習慣ができていない子は、もともと勉強がしたくないのです。そこにマイナスの言葉をかけられると、なおさら勉強をしたくなくなってしまいます。そうではなく、できた部分を認めて**「次もがんばろう！」**と声をかけてあげましょう。これだけで、少しずつ自己肯定感が子どものなかに出てきて、マインドもプラスに転換していきます。

ポイント制にする場合は、原則ひとつにつき1ポイントがいいでしょう。ポイントの精算は日曜日に親と一緒にするのがおすすめです。1週間分の消し込んだ項目（やった項目）をポイントとして精算し、これまでの分と合わせて合算します。精算のたびにポイントが増えていきますから、子どもは自分がやった事柄がきちんと評価され、それがどんどん貯まっていく感覚が出てきます。これで「努力が形になる」という体験ができるわけです。

また、好きなことや楽しいことを優先してしまい、やるべきことがこなせず、ずるずると後回しにしてしまうのが顕著な子どもの場合は、1日のうちで、手帳に書いたことを「いつ」実行するのかを先に決めておくのもおすすめです。「〇時からプリント」「□時から遊ぶ」といった具合に時間を書いておくと、その時間になったら気持ちを切り替える訓練にもなります。いわゆる「メリハリ」というものです。一般的な手帳に時間を書き込んでもいいのですが、バーティカルタイプの手帳を使えば、やるべき時間まで設定することができるので便利です。

わが子のタイプを見きわめたアプローチを

勉強のやり方や『子ども手帳』を活用した学習習慣で、子どもたちは自己肯定感を取り戻し、勉強に前向きに取り組むようになっていくことは理解してもらえたと思います。

そこで、最後にひとつ知っておいてほしいことがあります。それがわが子のタイプです。人には大きくマルチタスク型の人間とシングルタスク型の人間2つのタイプに分かれています。このテーマだけで1冊の本となるので詳しい説明はここでは割愛しますが、簡単に言えば、次のようなことです。シングルタスク型は好きか嫌いかを価値基準にして、好きなことを重視している一点集中型のイメージのタイプの人のことを言います。一方のマルチタスク型はなんでもそこそこなすタイプで損得を価値基準としています。ですから、ムダが嫌いなため仕組みや方法、ノウハウ、効率性を重視するタイプの人のことを言います。

現在の20世紀型の学校教育では、なんでもこなすマルチタスク型の人間が評価されるようになっています。逆にシングルタスク型の子どもたちにとっては、悪くすれば学校自体に居心地の悪さを感じてしまうことも少なくありません。

子どもは、おおよそ10歳から12歳ぐらいで、どちらのタイプがわかるようになってきます。それまでは子どもはみんな好奇心の塊で、好きな領域のものから取り組んだり、わがままであったりします。

わが子がどちらのタイプかじっくり観察していれば判断がつきます。とくにシングルタスク型の子どもはわかりやすいので、「ああ、うちはシングルタスク型だわ」とすぐに把握できる人も多いはずです。

ここで問題となるのが、親にもシングルタスク型とマルチタスク型があるということです。つまり親と子のタイプの組み合わせによって、さまざまな事態が生まれるということなのです。

【親子のタイプの組み合わせ】

子　マルチタスク型　×　親　シングルタスク型
子　マルチタスク型　×　親　マルチタスク型
子　シングルタスク型　×　親　シングルタスク型
子　シングルタスク型　×　親　マルチタスク型

子どもがマルチタスク型であれば、親はシングルタスク型でもマルチタスク型でも基本的に、それほど苦労せずに成長を見守ることができるでしょう。

「うちの子はなにも言わないのに勝手に勉強する」「なぜか勉強ができるんです」と

いう話を聞いたことがあると思いますが、親がシングルタスク型で、子どもがマルチタスク型の大部分はこの組み合わせです。

親子ともにマルチタスク型の場合は、親が子どもを邪魔しなければうまく回ります。ただし、この組み合わせでは親と子の理想像の違いが問題になるケースがあります。親が子に自分の理想像にあてはめようと過剰な期待をかけてしまうと、うまくいきません。そうでなければ大きな問題もないはずです。

親がストレスを抱えがちなのが、子どもがシングルタスク型のケースです。親もシングルタスク型であれば、自分もそうですので、子どもが好き嫌いを基準に物事を考えるのが理解できます。ですから、子どもの好きなこと、興味のあることをやらせることに抵抗もないでしょう。とくに親と子の好きな領域が一致していると、非常にうまくいきます。一致していなくても、親がそれを理解していればうまくいきます。楽しい家庭、オリジナリティあふれる家庭となるでしょう。

問題なのが、親がマルチタスク型で、子どもがシングルタスク型の場合です。子どもの生活習慣のだらしなさや、やりたくないことへの取り組み方が目について毎日のイライラがつのります。マルチタスク型の親の目には、シングルタスク型の子は、どうしてもわがままに見えてしまうのです。親はムダを嫌い、効率を優先して動いているため、子どもにも「早くやりなさい！　いまやっておけば後で得なのだから」と効率を追求します。しかし、子どもは好き嫌いで動くのでなかなかやりません。これが継続すると子どもはつぶれてしまう危険性もあります。じつは21世紀はシングルタスク型の子どもが活躍できる時代なのです。好きなことを徹底して追究できる子が、これからの時代で台頭してきますが、20世紀型の考え方の人にはこれがわかりません。

ここで重要なのは、マルチタスク型の親がどういう対応をするかです。最悪の方法が、無理やり言うことをきかせることで、これはある種の力技です。力技でその状態をねじ伏せると、支配と被支配の関係になります。子どもにこの関係を植えつけます。しかし、だんだんと成長し、子どもに力やボキャブラリーがついてきて、ようやく抵抗できるようになると、力技も通用しなくなります。子どもは、親に対して「この人は支配者だ」ととらえていますので、抵抗心を持つのは仕方のないことです。当然、ますます言うことをきかなくなっていきます。すると、さらに親は焦《あせ》りだし、子どもは成長しているにもかかわらず、小さいころと同じやり方でねじ伏せようとするため、親子関係自体が悪化してしまうのです。

それでは、これを解決するにはどうしたらいいのかと言えば、**親があきらめること**なのです。もちろん子どもを見放す、見限るという意味ではありません。なかなかむずかしいことではありますが、子どもに自分のやり方を強要することをやめることです。まずは、子どもの好きなことや好奇心を重視する価値観を受け入れることから、はじめてください。その子の長所や好きなことをまずはやらせ、心を満たした後にそうでないことに目を向けるというやり方をしていきます。

生活習慣が少しだらしない子どももいますが、ある程度は目をつぶる必要があるでしょう。その部分を見るのではなく、やりたくなること、やってもいいことから入っていくのです。マルチタスク型とはアプローチの入り口が異なるのです。マルチタスク型の親には「このままわがままな状態が続いてしまうのではないか」という不安があるかもしれません。しかし大部分は杞憂《きゆう》に終わりますので、ドンとかまえて見守ってください。

勉強のやり方を知れば自己肯定感が生まれる

5章 まとめ

勉強のやり方を教えてもらっていない子どもたち

・多くの学校では学問の知識は教えても「勉強のやり方」は教えていない
・「勉強しなさい！」をくり返す前に、勉強のやり方を教えてあげる
・具体的数値などわかりやすいテストの〇や高得点は自信を喪失した子には必要
・テストの点が取れれば、自己肯定感が生まれ勉強に対するマインドもプラスに変わる
・点数を取るためには「おぼえ方」を知ることからはじめる
・おぼえ方とは、「くり返しできるまで自分でテストをすること」をいう

〈漢字や英単語の覚え方〉

①「漢字で書いてあることを読む」テストをする➡②そのテストを約90%読めるまでくり返す➡③「ひらがなを見て漢字を書く」テストをする➡④書くテストを3回くり返し、書けなかった漢字をさらに3回書く➡⑤学校のテスト直前に最後まで書けなかった漢字を3回書く

〈問題集を使った勉強のやり方〉

①問題集を解く（1回目）1回目は「解けた問題」と「解けない問題」の仕分け作業「解けた問題」を取り除く➡②問題集を解く（2回目）ステップ1で「解けなかった問題」を解く➡③ステップ2で「解けた問題」を取り除く➡④問題集を解く（最低3回）ステップ2で「解けなかった問題」を解く……➡⑤3回解いてきでなかった問題がテストに出る問題

『子ども手帳』を活用すれば自分から勉強する子に！

・学習習慣を身につけさせるためのツール＝『子ども手帳』

〈『子ども手帳』の使い方〉

①子どもと文房具屋さんへ行き、子ども手帳を買う
②予定を子ども自身に書き込ませる（最低でも1週間分）
③毎日、終わった予定は赤で消し、できなかったものは消さない
④毎週末、消し込んだ分だけポイントを精算する

子どもと親のタイプ、4通りの組み合わせを知り、対応法を工夫する

・マルチタスク型＝価値基準は「損得」。無駄が嫌い。効率性・仕組み・方法が好き
・シングルタスク型＝価値基準は「好き嫌い」。好きなことを追究する

6章

２０２０年以降のために、準備しておく５つのアプローチ

ここまで2020年の教育大変革の概要や求められる能力、そしてそれをどのようにして家庭内で身につけさせるかの具体的な方法やヒントを述べてきました。「これを全部やらなくてはいけないの⁉」と不安に思う人も多いことでしょう。アプローチ法については、数限りなく存在します。ある人に当てはまっても別の人には効果がない方法もあります。ですから、ある程度のボリュームのある方法を示してきました。

この章では、2020年にむけて、いまから家庭内で取り組める、取り組んでおくとよいと考えられるアプローチを小学生と中学生に分けて5つにしぼり、まとめとしてピックアップしてみました。

ただし、ここでは、それぞれの能力を伸ばすためのアプローチのヒントにしていただければと思い、簡潔な紹介にとどめています。また、これらをすべて取り入れようとせず、まずはできそうなことをひとつ実践してみてください。

小学生への5つのアプローチ

━アプローチ1━『子ども手帳』で学びを習慣化する

ママカフェ、講演会でいちばん多い質問、「どうやったら学びを習慣化できるか」。その裏には「うちの子勉強しないいんです……」が隠れています。前章で紹介した『子ども手帳』は、学びを習慣化させる〝仕掛け〟です。子どもにとって呪《のろ》いの言葉である「勉強しなさい！」を連呼するよりも、親自身が数倍ラクなアイテムです（『子ども手帳』の作り方、使い方は154ページを参照）。

『子ども手帳』を使うことで得られる最大のメリットは、**「学ぶことに対して努力をしなくていい状態になる」**ことです。子どもが努力をしているうちは、身につかないのが本当のところです。ここで言う努力とは苦しみをともなう一生懸命さです。やることが当たり前となったときに、はじめて身につきます。ですから習慣化することが重要なのです。「ドリルを毎日やるなんて、別にたいしたことはないよ」と子どもが思うようになれば成功です。習慣化されてない子は「やりなさい」と言われて嫌々やって、また苦しみをともなう努力をすることになるわけです。

たとえば、歯磨《はみが》きは習慣化されていれば、別に努力は必要としません。習慣化されていない犬や猫に歯磨きをさせるのは、言うことを聞いてくれず大変な思いをするものです。動物と子どもを比べるのはどうかと思いますが、わかりやすくたとえれば、これと同じなのです。そこには〝継続は力なり〟という原則が働きますので、成果が出るということです。継続させるポイントは、土曜日も日曜日も1分でも2分でもいいからやるということ。つまり、土日にやらなければ、月曜日にやりたくなくなるのです。

▬アプローチ2▬　考える力を会話でつける

家庭での問いかけの種類を変えてしまうことで、考える力をつけていきます。「これはなに?」「これはどこ?」「これはだれ?」などの一問一答的な問いかけは、脳にインプットしたものを出しているだけですので、脳は動いていません。ところがマジックワードで問われると、脳内ですぐに電子信号が発せられ、シナプスが動きます。つまり考えるという状況が起こるのです。子どもの地頭をはぐくみ、好奇心を引き出すマジックワードを家庭内の会話でどんどん使ってください。

私が提案するマジックワードには以下のようなものがあります。

【10のマジックワードと育まれる力】

①ようするに？ 抽象化思考力をはぐくむ （↓Ｐ92参照）
②たとえば？ 具体化思考力をはぐくむ （↓Ｐ93参照）
③なぜ？ 原因分析力をはぐくむ （↓Ｐ95参照）
④どう思う？ 自己表現力をはぐくむ （↓Ｐ98参照）
⑤どうしたらいい？ 問題解決力をはぐくむ （↓Ｐ１００参照）
⑥楽しむには？ 積極思考力をはぐくむ
⑦なんのため？ 目的意識力をはぐくむ
⑧そもそも？ 原点回帰力をはぐくむ
⑨もし〜どうなる？ 仮説構築力をはぐくむ
⑩本当か？ 問題意識力をはぐくむ

①から⑤までは、前述していますので、それぞれのページを参照してください。⑥から⑩を簡単に説明すると以下のようになります。

⑥「楽しむには？」

物事をプラスの方向に見るようになる「どうしたらいいと思う?」という問いかけです。積極思考とも言います。

⑦「なんのため?」

「なんのためにやると思う?」「なにを目ざす?」「どうなりたい?」などの言葉で言い換えてもいいでしょう。これらの言葉で問いかけると、なにか目標を決めて行動するようになります。

⑧「そもそも?」

年齢に応じて「いま、言いたいことを一言で言ってみて」「ひとつの単語で言ってみて」などと言い換えてもいいでしょう。子どもの話は、あちこちに拡散しがちです。その内容をシンプルにまとめさせるように誘導するマジックワードです。すると原点、根っこに戻ることになり、核心部分はなにかを理解することになります。

⑨「もし~どうなる?」

「もし○○だったらどうする」if-whatの法則というものです。この言葉は日常会話でクイズを出すように楽しく使えます。「いま、自動販売機が日本になかったらどうする?」「信号がなかったらどうなる?」「信号の黄色の位置がもし左だったらどうなるか」……など、いろんな問いかけを作ることが可能です。このマジックワードのポイントは、正解、答えがないというところにあります。子どもたちの考える力をつちかうことにもなるワードなのです。

⑩「本当か？」

これは本当なのかを疑うという意味ではなく、ニュースで流れていることなどに対して「本当にそんなことやるかな、普通は……」といった問題意識を持つことを意としています。やり過ぎると疑り深くなったりしますが、考える原点というのは問題意識から発生するものです。東大生なども問題意識だらけなのです。疑うのではなく、そのまま受け止めない、という力をつちかいます。このマジックワードは低学年の子どもにとって少しむずかしいかもしれませんので、無理に使用する必要はありません。

紹介したマジックワードのなかには⑩のように小学生には少しむずかしいものもあるでしょう。子ども年齢や成長の度合いに応じて、うまく取り入れてください。このなかで①「ようするに？」から⑥「楽しむには？」までのマジックワードは、小学生の子どもには非常に効果的で、これらを問われると脳が活発に動き出しますので、積極的に取り入れてください。

アプローチ3　はまることを深掘する

昆虫《こんちゅう》にはまった子がいたら、図鑑をたくさん持つ、実際に飼う、昆虫が展示されている場所へいく、昆虫の専門家と出会う場を作るなど、専門家になってしまうぐらいに熱中させてしまいましょう。

親からすると、どう見ても勉強や能力につながるように思えないものであっても、子どもの好奇心をつぶさないでほしいと思います。なぜなら、はまっていくと必ず専門的になります。専門的になると、ほかの学科である国語や社会などにも、どこかが関係してくるものなのです。

また、ひとつの物事に集中して入り込むという力も養成されます。アニメのキャラクターだろうが爬虫《はちゅう》類や昆虫だろうが、対象はなんでもいいのです。一気に入り込む、この集中力がこのときに活性化していきます。

アプローチ4　表現する力を引き出す

これにはコーチングメソッドを使います。専門的な話はここでは割愛しますが、コーチングメソッドというのは教えるのではなく、相手の気持ちを引き出す方法です。ですから、「あれをしなさい」「これをしなさい」と助言、指示を出すものではありません。相手（子ども）にしゃべらせていきながら、しゃべっている人間が自分で気づいていく、という流れにもっていくのが基本です。

じつは、2020年から授業に導入されるアクティブ・ラーニングも子どもが主体の学び方です。先生はファシリテーター（司会者の役割をする人）に徹するのが本来のアクティブ・ラーニング型授業のあり方となります。しかし、現時点で学校の先生がしっかりファシリテーターの役割を果たし、授業をリードできるかどうかという不安要素も抱えたうえでの導入でもあるのです。

少し話はそれましたが、家庭内で表現する力をつちかうためには、親はファシリテーターに徹することでしょう。そうすれば、家庭内でもアクティブ・ラーニングができるのです。とにかく子どもに、いかに話させるかがポイントです。子どもが小学生であれば、ストーリー展開ができるようにするといいでしょう。時系列に沿って、話ができるように導いてみましょう。子どもの話ではだれ、いつなどが抜けてしまいますので、5W1Hなどを問いかけながら上手に誘導していき、子どもが話をするのが楽しいと思えるようにしてあげればOKです。

また、気持ちも重要ですので、「そのとき、○○はどう思った?」と聞いてあげると、「こう思った」と自分の気持ちを表現できるようになります。これを日常会話のなかでやってみてください。

ちなみに、表現力をつけるために日記を毎日書かせるのを習慣にしたい、と考える親もいるようです。しかし、書くということは多くの子どもにとって、つらいことなのです。これに対して、子どもにとってしゃべることは簡単です。書くということをやらせるのであれば、しゃべらせた後に書く、という順番にしてください。作文もいきなり書かせようとしても、なかなか書くことができません。私が指導するときは、まずはしゃべらせます。その後、「じゃあ、いまのなかから、いくつかポイントだけ書いて」とキーワードをあげてもらいます。続けて「それに基づいて書いてごらん」というように誘導していくと、子どもたちはスムーズに、つらさを感じることなく書けるようになっていきます。

アプローチ5 学び方を教える

おぼえる方法（おぼえ方を知る）、問題集の使い方（むだな方法をしない）は146ページからを参照してください。本書では、2020年からの教育について紹介していますが、国語、算数、理科、社会、英語などの教科については、20世紀の教育では、点をとらせる方法です。2020年の教育モデルで言えば、知識を吸収する方法は、考えさせるプロセスを通じて同時におぼえさせてしまう、というのが私のとらえ方です。

いまの学校教育を前提にしたときに、2020年以降も知識偏重型は残ると思っています。いきなり理想的な考える力と表現力を引き出していったら、頭がよくなるか、というと一足飛びにそこまでいかないのではないでしょうか。しばらくはいまと同じような教育が行われるということは、どうしても「学び方」というのは残っていきますので、本書では「学び方」という部分も取り上げました。

つまり、しばらく20世紀型教育は続くのです。けれども、このまま放っておくと子どもは必ず勉強嫌いになってしまいます。その大きな理由が「学び方を知らない」ということなのです。ですから、これは最低限知っておいたほうがいいのではないかと思います。もし、これらを知らなければ、テストで点数はとれません。すると、子どものマインドの部分でモチベーションの低下につながる危険性があるのです。

「おぼえる方法」「問題集の使い方」にプラスして、知っておきたい学び方のひとつにノートの取り方があります。これも、学ぶことを楽しくさせる〝しかけ〟です。

・色を使う方法

ノートをとるときに色を使うやり方です。赤、青、２種類でいいでしょう。

ステップは２つです。最初のステップはいかにノートをとることが楽しいかということだけを体感させてあげましょう。まずは、決まりごとなどなにも決めずに、好きなように色をつければいいと思います。落書きやイラストだって最初はＯＫです。もちろん色だけも、線を引くだけでもかまいません。なんでもＯＫ！　自由に！　というふうにしてみてください。

次に「どうせ色をつけるなら、超重要、重要ぐらいの部分は色を変えてみれば？」という提案をしてあげましょう。これで重要なところだけが浮き彫りになります。これも抽象化思考と同じですので、学びにつながっていくのです。いきなり「重要なところは赤で……」などと言うと、いかにも勉強っぽくなってしまいます。いかに勉強

G(Graphic)ノート例「地頭が育つ5つの習慣」

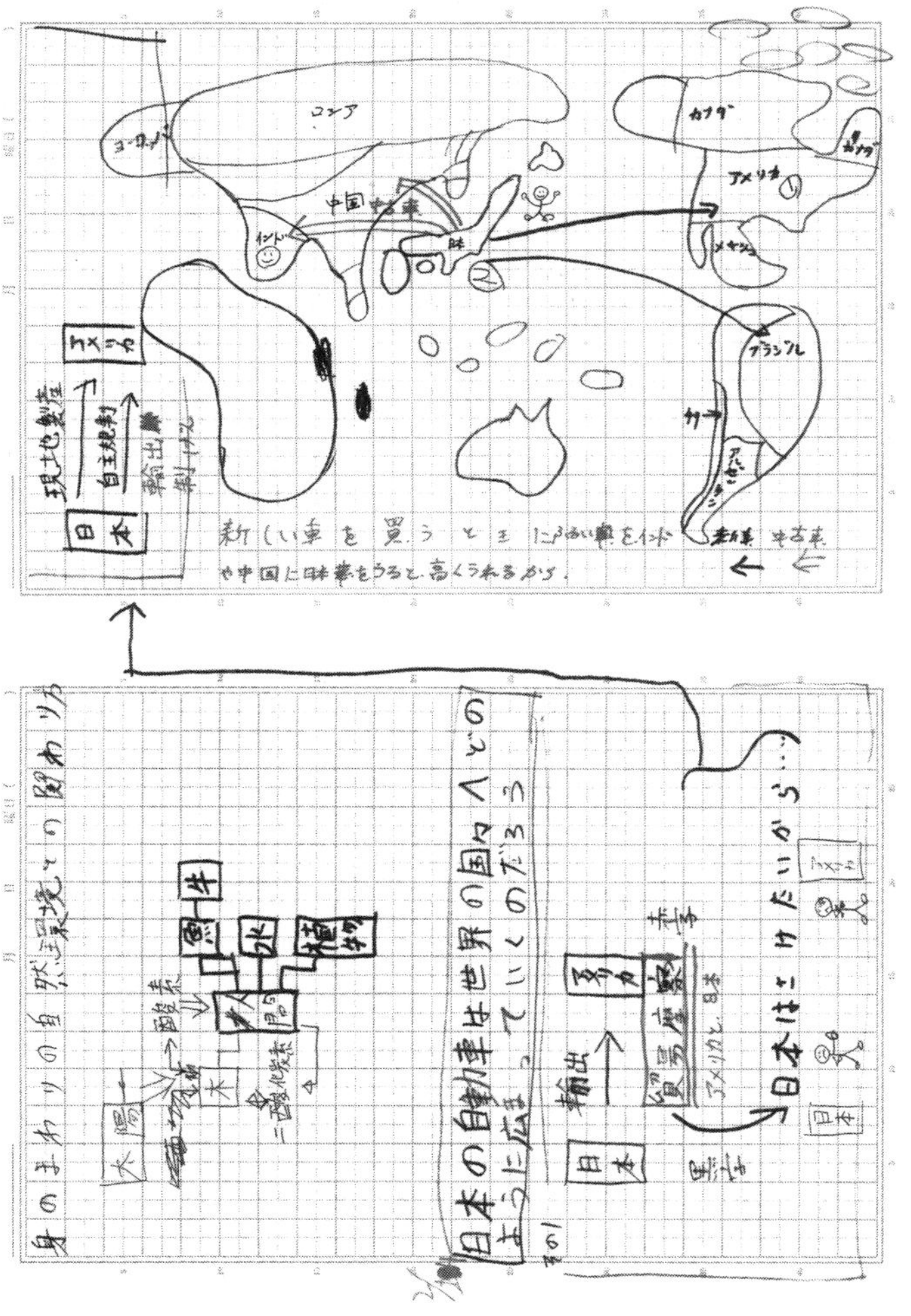

っぽくさせないか、というのがポイントです。

・図にする方法

ノートをグラフィック化（図式化）する方法もおすすめです。○、□、直線、曲線、それ以外の図でも、自由に使ってOKです。これらを使って、授業の内容を図にしてしまうのです。

ある小学5年生の男の子は、社会の授業中、黒板には文章だけが並び、つまらなく、そしてわかりにくかったので、自分で図式化してみたといいます。この男の子には、事前にノートを図にする方法について簡単に説明して、「もし、授業中にわかりにくい、おもしろくないと思ったら、図にしてみるといいよ」と伝えていただけです。ノートを見せてもらった後に感想を聞くと「けっこうおもしろい！　ほかの授業でもやってみる！」と意欲的になっていました。

中学生への5つのアプローチ

━アプローチ1━　考える力を会話で引き出す

家庭内でも日常的にマジックワードを使い、考える力を引き出すようにしていきます。マジックワードについては「小学生への5つのアプローチ」と同様ですので、そちらを参照してください。

アプローチ2 表現する力を引き出す

論説パターンの表現方法を日常的に出せるように会話内で誘導していきます。論説パターンを引き出していくと、頭の構造がこのパターンに変わっていきます。そして日々何度もやっているうちに、論説パターンに沿った話し方になっていきます。

論説パターンとは、最初に言いたいことを言っておいて、少し詳しい話を説明して、最後にもう一度まとめる、というものです。これは物事を人に説明するときに、とても有効な方法です。3回くり返すことで、相手の頭のなかに入っていきます。逆に言えば、3回くり返さないと、人は理解してくれないのです。このような話し方は、国語の論説にも通じますし、プレゼンテーションにも通じます。

ひとつ注意してほしいのが、親はついついしゃべり過ぎる傾向にあることです。大切なことは、子どもにしゃべらせることなのです。また、親は見本を見せようと論説パターンで話をしようとしなくてかまいません。親はあくまでも聞き役と考えてください。ですからマジックワードをつかって上手に引き出すことに徹してください。以下のような順番で上手に誘導すればいいでしょう。

①子どもの話を聞く→②親「それって、たとえば？」→

③各論を言わせる→④親「ようするにどういうこと？」→

⑤子どもに全体をまとめさせる

━アプローチ3━　目標→戦略パターンを習慣化させる

勉強も部活も、目標なくして普段の活動は意味がありません。とくに多くの中学生が参加している部活では目標を設定して日々の活動をしないと、ただダラダラするだけで、時間のむだになってしまいます。せっかく活動をしているのですから、目標に向けてなにを計画するか、このパターンの思考を身に付けるようにするとよいでしょう。じつは勉強も部活もまったく同じ思考パターンなのです。

部活や習い事をしているのであれば、必ず目標を設定させます。「なにをやるのか」「なにを目ざすのか」ということです。目標があって、そこに向かうための計画を立て、準備し、実行しなければいけません。

部活の意義のひとつには、目標を作り、そこに到達するために練習の計画を作ってやっていくモデルを学ぶことだと考えています。これは、勉強面でもそうですが、社会に出たときにもおおいに役立つ、とても良いトレーニングの場となります。

アプローチ４　学びの見える化をする

なにをすべきが〝見える化〟されていなければ、自発的に行動するはずがありません。市販の手帳を使って、そこにやるべきことを書き込み、書いて消していくという作業を行います。やり方は『子ども手帳』と同様です。最低限それだけでも見える化させていくためにも、中学時代にオリジナル手帳を持つことをおすすめします。

中学生になると、スマートフォンを持つ子も出てくるでしょう。スマートフォンにも手帳アプリはたくさんありますが、カスタマイズできないところが問題です。スマートフォンの場合は規格化されてしまっているため、飽きてしまう可能性もあります。子どもたちが継続的にやりたくなる気持ちが、大切なのです。するとデザインが重要になってくるので、マイ手帳がいいのです。もちろん規格化されずに自由度の高いスマホのスケジュール帳が今後出てくるかもしれませんので、一概にスマホの手帳はダメとは言い切れませんが、現状では紙の手帳のほうが望ましいと言えるでしょう。

アプローチ5　才能にあった活動をさせる

才能は見える部分の奥にあります。そこがわかれば、才能を開花させ、伸ばすことができるものです。才能にあったことができれば、その道で成功します。この才能はだれにでもありますが、種類が異なります。それを見破ることがファーストステップなのです。

次にその才能にあったことをさせる機会を与えていきます。すると心が充足し、必要なことを自発的に学びはじめます。次第に学び癖《ぐせ》がついていき、一部でも教科と関わる部分が出てくれば、勉強への意識が触発されるのです。

学校には国語、数学、理科、社会、英語、体育、音楽、美術、技術家庭と9科目があります。じつはこの9つの教科というのは、きわめてバランスがとれたものです。つまり、いずれかの科目のいずれかの分野に、大部分の子どもの才能は必ずヒットするものなのです。体育のとび箱、音楽の縦笛、家庭科の料理……。これらの教科のなかから見える才能は、小学生より中学生のほうがわかりやすいと思います。これは子どもたちの才能が細分化されているためです。小学校の勉強はざっくりとしていますが、中学校の勉強は細分化されています。これと同じです。どの部分というのが見やすくなりますし、子ども自身も成長してきています。

ただ、英国理数社が主要教科であるため、親はここばかり目につきます。ほかの科目、体育、音楽、美術、技術家庭、こちらのほうに才能があるというケースがあるのを見落としがちです。しかし、これを見逃さずにしっかりと伸ばすように心がけてほしいと思います。これらは、必ず主要教科のほうにリンクしてきます。

たとえば、学校の成績を見たときに美術は5、あとは3だったとします。「美術はいいんだけど、主要教科がこれじゃやねぇ」と言ってしまうのはNGワードです。そうではなく、親の模範解答は「すごいよね、美術。なんでいつも5がとれるの?」です。美術の成績がいいという事実だけを認め、ほかには触れません。そうするとその子は美術に対して自信を持ちます。自分ももっと美術をやりたいと思いはじめます。すると「どうも学校はそういう方向に行ったほうがいいらしい」と考え、「じゃあ、それに必要な勉強をやらなくてはいけない」といった具合に、ほかの教科はあとから回って学びはじめていきます。このように学校の教科からわが子の才能を見きわめていきましょう。

このように述べると「うちの子、オール3です」「オール2です」「得意な教科はありません」といった質問が飛んできます。私はそういう方には、「じゃあ、お子さんを見て、よい点を3つあげてください」と言われれば、なにをあげますか?」と聞いてみます。優しい、頼み事を断らずに最後までやるなど、その子の個性からなにかあげられるはずです。それを徹底的に認めてあげましょう。そうすると、それ自体が才能ではないのですが、そこから才能の片鱗《へんりん》が見えはじめるのです。とかく人間というのは、とにかく気分を上げていくと行動を起こすものです。行動を起こすと変化が起き、露出してくるのです。いまは行動を起こしていないので才能が露出していない、見えないだけのことです。

中学生以上になると親は勉強に介入しないほうがいい

私が日常生活、家庭での教育にこだわるのは、家庭内で、「思考のフレームワーク」を作ってほしいからです。これが家庭で行う最大の教育だと思います。勉強でもこの「思考のフレームワーク」が応用できていくのです。それさえできれば、あとは、見守り、放っておく。「勉強がわからなければ学校で聞きなさい」と言えばいいのです。

小学校でも本来はそうですが、とくに中学生以上になれば親は勉強に介入《かいにゅう》しないほうがいいでしょう。親が教師をやってしまうと失敗します。親は教師にはなれません。子どもも教師とは思っていませんし、家は学校ではないのです。

この前提のなかで子どもは親に対応しているため、学校のように時間割を作ったりする必要はありません。そうではなく、日常の些細《ささい》な会話や話題のなかで「思考のフレームワーク」を作っていく。考える力、地頭を作ってしまう、ここに注力することを心がけてほしいと思います。

事実、勉強ができる子の親に話を聞くと、みずから勉強は教えていないものです。「うちの子、知らないうちにやっているみたい」「なんだか合格しちゃったんですけどね」というケースが少なくなりません。

この場合、親は子どもの才能を伸ばしたという言い方もできますが、言い換えれば、子どもの才能が伸びるのを邪魔しなかった、ということです。否定的な言葉を使わなかったり、やりたいことはどんどんやらせたことで、その子がもともと持っていた才能が開花したというだけの話です。

6章 まとめ

2020年以降のために、準備しておく5つのアプローチ

小学生への5つのアプローチ

アプローチ1　『子ども手帳』で学びを習慣化する
アプローチ2　考える力を会話でつける
【10のマジックワードとはぐくまれる力】

①ようするに？	抽象化思考力を育む	②たとえば？	具体化思考力を育む
③なぜ？	原因分析力を育む	④どう思う？	自己表現力を育む
⑤どうしたらいい？	問題解決力を育む	⑥楽しむには？	積極思考力を育む
⑦なんのため？	目標意識力を育む	⑧そもそも？	原点回帰力を育む
⑨もし～どうなる？	仮説構築力を育む	⑩本当か？	問題意識力を育む

アプローチ3　はまることを深掘する
アプローチ4　表現する力を引き出す
アプローチ5　学び方を教える
・ノートの取り方を変えてみる（色ペンを使う／図やイラストを使う）

中学生への5つのアプローチ

アプローチ1　考える力を会話で引き出す
アプローチ2　表現する力を引き出す
①子どもの話を聞く（親「それって、たとえば？」）➡②各論を言わせる（親「要するにどういうこと？」）➡③子どもに全体をまとめさせる
アプローチ3　目標→戦略パターンを習慣化させる
・部活動、習い事でも、「目標設定➡そこに向かうための計画立案➡準備➡実行」を徹底
アプローチ4　学びの見える化をする
アプローチ5　才能にあった活動をさせる

・中学生以上になったら、親は勉強に介入せず、学校や塾の先生に頼るようアドバイスする

終章

お悩み解決！
Q&A

Q1 基本的な生活習慣を身につけさせたいのですが、言うことを聞いてくれません。

A いちばん簡単な方法は、親がやっていることを見せる

このような質問をされる親の子へのアプローチが間違っていることが少なくありません。挨拶《あいさつ》をしない子に「挨拶しなさい！」と言う。時間を守らない子に「時間を守りなさい！」と言う。これは支配、被支配の関係性なのです。単純な指示、命令をくり返したところで、それに素直に従う子はほとんどいません。

基本的な生活習慣、躾《しつけ》の部分ができない場合は、子どもがみずから挨拶したくなるように、時間を守りたくなるようにもっていくことが大切なのですが、いちばん簡単な方法は、親がやっていることを見せることです。挨拶をさせたいのであれば、朝、大きな声で「おはよう！」と言い続けましょう。これは家の外でも同じです。近所の人に会ったら必ず「こんにちは！」と親みずから挨拶をするのです。子どもがなかなかできなくても、親の姿を見ていると、次第に真似《まね》をするようになります。子どもは親の言うことはやらないが親のやっていること、親の感情を100％受けとっています。

Q2 ゲームにはまってしまい、勉強をまったくしてくれません。

A ルール&ペナルティの設定とペナルティの実行を

ゲームにはまる子には2通りのパターンがあります。ひとつは本当にゲームの世界にはまって、将来、作り手としてゲーム業界で生きていきたいと考えている子です。もうひとつのパターンは「ヒマだからやっている」という子です。はまっているように見えますが、ヒマでやることがないからやっているという状況です。職業に直結していきそうな人間というのは、ただゲームをやっているだけではなく、自分でより高度なものをチャレンジしていったり、大会に出ていったり、生産者側に回り出すものです。専門性と生産者というのがキーワードでしょう。この方向に必ず向かうようになります。

問題なのは、そちらに向かわず、ただ時間があればゲームをしているという場合です。これ以外に興味があるものが周囲にないからやっているのです。あきらかに「ゲームはヒマだからやっている」とわかったときにゲームを止めさせると、今度は代替としてマンガを読みだしたりして、勉強をやるかといえば、ほとんどの場合、やらないでしょう。

それでは、どうするかといえば、オーソドックスな方法ではありますが、ルールを決めてゲームをする時間を制限していくことがよいでしょう。このときペナルティは必ず設定します。そして、このペナルティを必ず実行することがとても重要です。親の話を聞いていると、実行しないケースが非常に多いのです。すると子どもは約束を破っても大丈夫なんだ、と学んでしまいます。ルールを破ったらそれ相応のペナルティを必ず受けると、身をもって体験するのも教育です。

1　ルールを作る

2　ペナルティを設定する

3　ルールを破ったときには必ずペナルティを実行する

この流れを守ることからはじめてください。またルールやペナルティはまずは子ども自身に作らせ、その後、親子で調整すると効果的です。押しつけでなく、自分が作ったもののほうが、納得して守りやすいものなのです。

Q3 消極的でアクティブ・ラーニングの授業で発言できるか心配です。

A 勉強以外の雑談で雰囲気を作り、子どもの話をしっかり聞く

いちばん重要なのは、無理にしゃべらせようとしないことです。しゃべらせようという意識を親が持っていると、力が入ります。すると次第にその雰囲気が言葉に出てしまい、子どもはそれを敏感に感じ取ります。

それよりも、まず親から自分のことを話してしまいましょう。テーマは勉強以外の雑談です。雑談であれば子どもも、しゃべりやすくなります。意見を求める必要もありません。とても寡黙《かもく》な子どもの場合、「どう思う？」と聞かれるのが嫌なのです。寡黙な子も本当はもちろん話をします。しかし、いきなりしゃべらせようとするため言葉がうまく出てこないのです。そうではなく、自然にしゃべりたい人がしゃべっている、という雰囲気作りが大切です。

そんな子どもでも比較的しゃべりやすいのは、自分の興味があること、好きなことです。雑談をしながら雰囲気を作ったあとに、子どもの好きそうなテーマにスライドさせていくのがいいでしょう。すると少しずつではありますが、放っておいても話すようになっていきます。

その際に重要なポイントは、聞いている側が関心を持って聞かなくてはいけません。残念ながら親が子の話を関心を持って聞いていないことが少なくありません。勉強の話、いじめを受けたなどの事件・事故があったという場合は真剣に聞いているようですが、たわいもない雑談や子どもの世界の話をまともに聞いていないのです。親は気づいていませんが、このことを子どもはよくわかっているのです。するとあまりしゃべらなくなってしまいます。

ですから、日常生活のなかで短い時間でもいいので、真剣に聞いてあげることが重要です。聞くという行為で、子どもはしゃべりたくなっていくのです。これもコーチングのテクニックのひとつです。第三者であれば、一生懸命聞いてくれるので、子どもは一生懸命話します。しかし、自分の肉親が話していると、毎日のことですし、いい加減に聞く傾向が強くなるものです。忙しい毎日を送る親も多いでしょうから、たわいもない内容であれば、なおさらのことです。ですから「聞いているよ」と子どもにわからせてあげましょう。

それがいちばん伝わるのが「子どもに質問する」ことです。質問するということは関心があるというメッセージでもあるのです。それでもたんにうなずいたり、「ああ、よかったね」といった感想を言うだけのことが多いのではないでしょうか。これは関心がある対応ではありません。聞いているふりをしていますよ、というメッセージになってしまいます。

Q4 反抗期に突入し、話しかけても「別に」「普通」しか返ってきません。

A 話すことを要求するのをやめる

親が「学校であったことをどうして話さないの！」と要求すれば、子どもには反作用が働き、同じぐらい強い気持ちで「話さない！」という結果になります。それよりも逆に親が今日1日にあった出来事を話してみてはいかがでしょうか。

「今日、こんなことがあったんだけどね……」と話しかけるのです。最初はうるさいがって聞いてくれないかもしれませんが、だんだんと子どものほうからも、また話をしてくれるようになります。このことを念頭に置いておくと、どのような会話が望ましいか、わかってくるでしょう。

また、親から話しかけるのをやめてみる、というのもひとつの方法です。最初は「うるさく言われなくてラッキー」と思っている子でも、しばらくその状態が続くと「え、なんで？」と思うようになります。親子の会話でもワンパターンはよくありません。ワンパターンをはずれて、少し黙って様子を見てみる時間を作ってみましょう。

Q5 父親があまり子どもの教育に熱心でなく不安ですし、イライラします。

A イライラの根本原因を解決し、上手にアプローチする

私は、専業主夫やシングルファーザーは別として、子どもは圧倒的に母親の影響力が強いと考えています。これは単純に、接している時間が長いということからの考えです。接する時間が長い人のほうが会話時間も長いですし、信頼関係も会話時間に比例して高くなると通常考えられます。父親はいざというときに出てくるぐらいというのが、現在のロールモデルでしょう。ですから、父親が教育に参加しないことに不安を持つ必要はないと思います。

ただし、子どもの教育に積極的でない父親に対してイライラをつのらせているケースでは、そのイライラの本当の理由は別にある場合が少なくありません。その多くは夫婦間の問題が根底にありますので、そのような場合は、まずはそこから改善する必要があるでしょう。

どうしても父親に参加してほしいという場合は、男性は自分に利がないと動かない傾向が強いので、子どもの教育に携わることで得られるものを伝える方法もあります。ここは母親が上手に父親にアプローチしてみてください。男性はすぐに会社での出来事に当てはめがちです。ですから子どもと関わることは、社内における人材育成にも役立つというスタンスでいいかもしれません。部下とのコミュニケーションのモデルになるといった感じで。「いまA君（部下）がやっている仕事はこういうことにつながっているんだよ」と「いまB（子ども）がやっている勉強はこういうことにつながっているんだよ」とは同じモデルです。

子どもの教育は、根本的には会社の人材育成と同じだから、子どものためにも役立つし、自分のためにもなるし、ぜひやってみてはどうだろうか、というアプローチです。

あるいは、父親には、職業の話をしてもらったり、職場へ連れて行ってもらったり、子どもが興味を持ちそうな博物館などの場所に連れて行ってもらうなど、社会とのつながりを作ってもらうのもいいでしょう。

Q6 子どもがちゃんと成長しているか見極めのコツはありますか？

A 親の考える成長と実際の「学習曲線」は違う

「学習曲線」というものをご存知でしょうか。横軸を努力の時間・量、縦軸を成果や実力を表したものです。これを見てわかるとおり、努力の時間や量に比例して成果や実力が伸びるものではないのです。しかし、親がイメージするのは努力の時間・量に比例して伸びる直線です。ですから、なかなか成果が出ないことにイライラしたり、きちんと勉強をしていないのではないか、などと不安を感じてしまいます。

学習曲線が示すように、子どもの能力はいきなりぐっと伸びるのです。しかし、こ

学習曲線／成長は努力の量や時間に比例しない

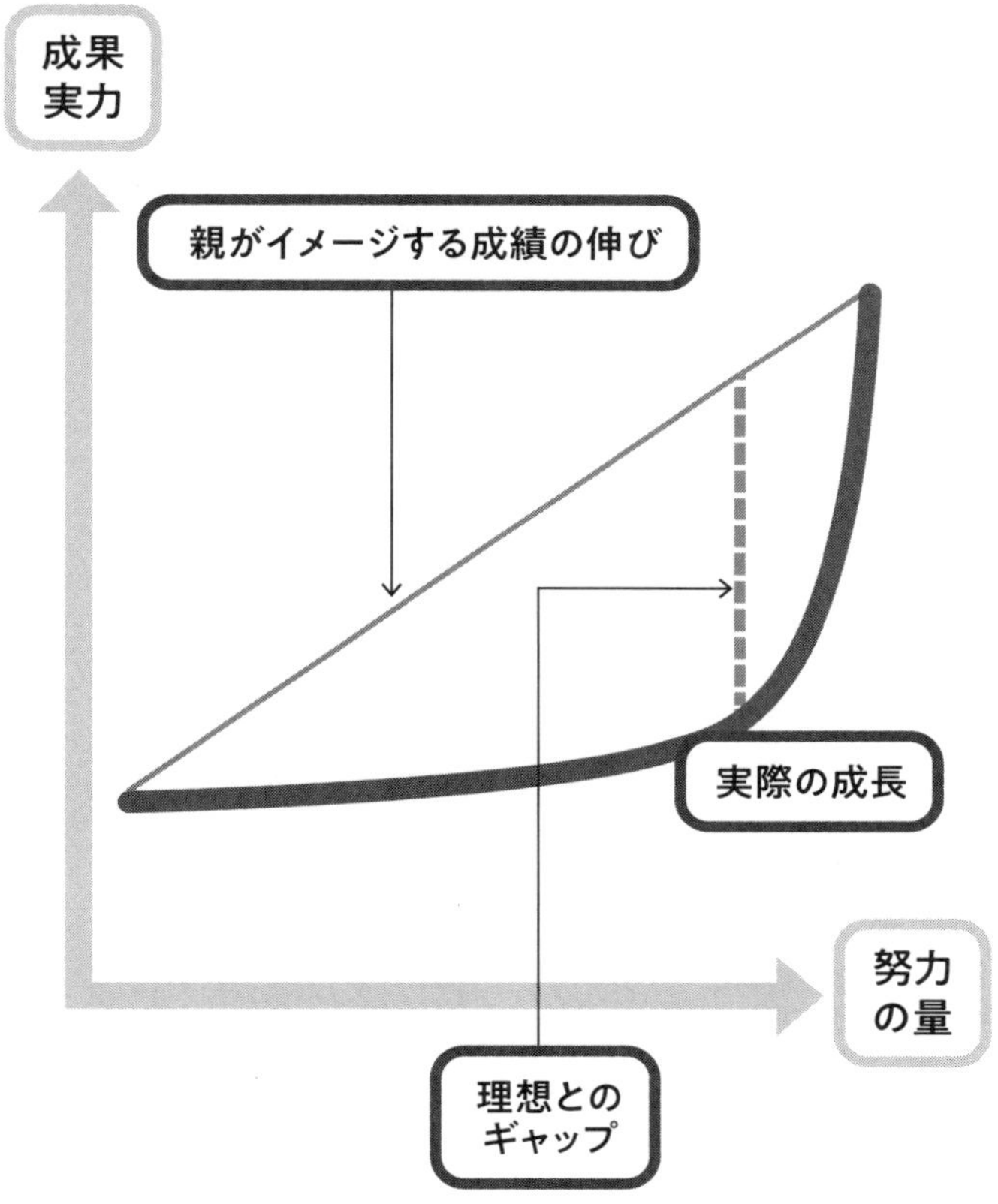

のブレイクポイントは、個人差があり、タイミングの見きわめはむずかしいでしょう。ここはじっとがまんして子どもを見守ってください。「どうして成績が上がらないの！」などと、親の理想の成長イメージを押しつけては逆効果です。そのことが子どもの焦りやストレス、不安につながり、学ぶことを放棄してしまっては元も子もありません。あきらめずに学び続けていれば、ブレイクポイントは必ず来ます。

Q7 英語の成績がどうしても上がらず落ち込んでいます。

A 勉強する手順を追って効率的に学ぶ

21世紀型教育では、20世紀型教育ほど偏差値偏重ではないものの、テストの点をある程度とらせることは、子どもの勉強に対するマインドをマイナスに向かわせないためにも必要でしょう。そのためには英語ができるようになる方法を知っておく必要があります。次の3つのやり方を試してみてください。必ず上がります。

1 音読20回（教科書のレッスンごとに行う）

①1行音読し、その日本語訳を見る。これをくり返し、レッスンの最後まで行う。
②レッスンの先頭に戻り、2回目スタート。ここでは音読して、英語の意味がわからない文のみの日本語訳を見る。
③3回目以降も意味のわからない文のみ日本語訳を見て確認する。
④次第に英語を音読すれば、そのまま意味がわかるようになるので、これを20回まで続ける。ただし、一気にやる必要はなく、翌日、翌々日までかかってもOK。

2　英単語を覚える

音読前に覚えるのは非常に非効率。音読20回が終了→英単語を覚えるという順番が大切です。自分で単語テストを行い、書けなかった単語だけ書いて覚えます。

3　教科書準拠の問題集を解く

仕上げに教科書準拠の問題集を解いていきます。間違えた問題は最低3回くり返して解くようにします。

Q8 数学・算数につまずく原因を教えてください。

A 計算、国語力、計算ドリルがキーワード

数学・算数が苦手な子どもの決定的な理由は多種多様ですが、共通する部分もあります。ここでは、その共通する部分を紹介しますので、参考にしてください。

1 計算ミスが多いため点数がとれない。そのため「自分は数学・算数自体ができない」と思い込んでいる

計算ミス、ケアレスミスといった原因をつき止めずに、点数が悪いことのみで落ち込み、数学・算数に対してマイナスなマインドを持ってしまっているケースが多いようです。これを改善するためには、テスト時間残り5〜7分になったら、わからない問題は捨てて、回答した問題の計算ミスの発見に全力を尽くすことです。人は必ず最低3つは計算ミスを引き起こすものです。3つ見つからないというのは、まだ見直しが甘いということです。

また、睡眠時間も大切です。数学のテスト前には早く寝るように心がけてください。睡眠時間は数学のテストに大きな影響を与えます。

2　文章題の意味がわかっていない

国語力がないために質問の意味がわからないというケースです。「ようするにどういうことなのか」という和文和訳ができていないことになります。テスト用紙を持ち帰ってきたら、できていない問題の原因や分析を一緒に行ってみてください。とくに文章題が白紙のままであったときには「この問題はどういうことを聞いていると思う？」と質問し、子どもに考える場をつくり、和文和訳をさせてあげましょう。

3　日常生活で、計算ドリルをやっていない

小学生の間は、毎日1枚程度の計算プリントを行うことは、とても重要です。10分程度で終了するプリントを継続的にやるかやらないかで、その後の算数、数学的能力に大きな差が生まれます。

おわりに

本書を最後までお読みいただき、ありがとうございます。「はじめに」でも書きましたように本書では、２０２０年から始まる新しい教育について書き、その後、２０２０年以降の子どもに必要な「力」とはなにかについて書きました。そして後半は、それらの力をどのようにして家庭でつけていくのかという実践的方法について書いてきました。

たくさんのことを書きました。しかし、これらをすべて完璧にこなさなければならないという意味で書いたわけではありません。できることをひとつ、またはふたつ実践するだけで効果が出てきます。まずはいくつか実際に試してみてください。

21世紀は、楽しく、ワクワク感がある世界であると思っています。さまざまなテクノロジーが台頭して、それを脅威と感じる人もいるかもしれません。しかしどうせなら、それらを使って楽しむほうが得であるように思います。これまでの「つまらない」「退屈」（本当は違うけども）な教育から、意味を理解する教育へとシフトしていくと思いますが、そのための土台作りは家庭内でされるといいのです。本書でも書きましたが、「勉強以外の時間」でトレーニングしてしまうことで、勉強の世界でもその考え方が自然と実践できるようになるからです。家庭は学校と違い、勉強のための居場所だけとは限りません。ですから学校よりも効果的であったりするのです。

また、私は本書を通じて活字で皆さんにお伝えしてきました。活字は広く考えをお伝えするうえで効率的ではありますが、誤解を招きやすかったり、意味が理解できなかったりすることもあります。そのため講演会やママカフェ、さらにはママカフェプライムという定期勉強会なども全国で行なっており、直接お話していますので、お気軽にご参加されてみてください。子どもたちにとってよりよい教育が実現できることを、そして明るい家庭が毎日続いていけますよう心より願っています。それではまたどこかでお会いしましょう。

石田勝紀

本書をご購入の読者特典！

今なら期間限定で
「子どもが勉強する気になる5つの方法」
の小冊子データをプレゼントします。

LINE@
「ぐんぐん伸びる子は何が違うのか？」
にご登録いただいた読者全員に石田勝紀著の
「子どもが勉強する気になる５つの方法」
の小冊子データをお送りします。
同ラインでは教育情報や
ママカフェ最新情報をお届けしています。

ご登録は

@mamacafe

または

QRコード

にアクセス！

※小冊子データの配信は2018年12月末までを予定しています。

●著者プロフィール
石田　勝紀（いしだ・かつのり）
一般社団法人教育デザインラボ代表理事。都留文科大学国際教育学科特任教授。1968年横浜生まれ。20歳で起業し、学習塾を創業。34歳で東京の120年の歴史を持つ伝統的マンモス私立中高の常務理事として経営改革、教育改革を行う。42歳でそれまで学んだことのない「教育学」を基本から学ぶため東京大学大学院（修士・博士）へ。現在は執筆（東洋経済オンライン連載、著書）、講演、ママカフェを通じて、「この日本から勉強嫌いな子を一人残らずなくすための」教育活動を行っている。著書に『「勉強脳」をしつける勉強法』（ビジネス社、電子書籍版発売中）、『勉強しない子には「1冊の手帳」を与えよう！』『子どもを叱り続ける人が知らない「5つの原則」』『はじめての子ども手帳（日付フリー式）』（以上、ディスカヴァー・トゥエンティワン）、『みるみる絆が深まる「親子手帳」』（学研）、『前向きな子はすべてがうまくいく』（海竜社）、『地頭が育つ5つの習慣』（KADOKAWA）など多数。オフィシャルホームページ：http://www.ishida.online

編集協力／松岡理恵

AI時代を生きる子どもの才能を引き出す「対話力」

2018年7月1日　　第1刷発行

著　者　石田　勝紀
発行者　唐津　隆
発行所　株式会社ビジネス社
〒162-0805 東京都新宿区矢来町114番地
神楽坂高橋ビル5階
電話 03(5227)1602　FAX 03(5227)1603
http://www.business-sha.co.jp

カバー印刷・本文印刷・製本/半七写真印刷工業株式会社
カバーデザイン　山内宏一郎(Saiwaiデザイン)
本文組版　茂呂田剛(エムアンドケイ)
編集担当　本田朋子
営業担当　山口健志

ISBN978-4-8284-2034-9